Michael Brie
Sozialismus neu entdecken

Michael Brie ist Vorsitzender des Wissenschaftlichen Beirats der Rosa-Luxemburg-Stiftung. Zuletzt erschienen von ihm im VSA: Verlag der gemeinsam mit Jörn Schütrumpf verfasste Band »Rosa Luxemburg. Eine revolutionäre Marxistin an den Grenzen des Marxismus« (Hamburg 2021).

Michael Brie

Sozialismus neu entdecken

Ein hellblaues Bändchen zu den Widersprüchen einer solidarischen Gesellschaft

VSA: Verlag Hamburg

www.vsa-verlag.de
www.rosalux.de

Die Drucklegung wird finanziell gefördert von der Rosa-Luxemburg-Stiftung.

Dieses Buch basiert auf Vorlesungen an der Fudan-Universität in Shanghai im Herbst 2018. Ich danke für diese Möglichkeit der Philosophischen Fakultät dieser Universität, Frau Professor Zhang Shuangli, die mich zu diesen Vorlesungen eingeladen hat, und dem Leiter des Büros der Rosa-Luxemburg-Stiftung in Beijing, Prof. Dr. Jan Turowski, der dieses Vorhaben unterstützte. Danken möchte ich auch dem Forschungsstudenten der Philosophischen Fakultät der Fudan-Universität, Gaojie Yan, der mich in dieser Zeit freundschaftlich betreut hat. Bei vielen anderen muss ich mich bedanken, ich möchte aber vor allem Lutz Brangsch, Judith Dellheim, Dieter Klein, Rainer Land und Mario Candeias nennen.

Druck- und Buchbindearbeiten:
Beltz Grafische Betriebe, Bad Langensalza GmbH
ISBN 978-3-86488-055-0

Inhalt

Vorwort

In dem Maße, wie die Grenzen des Kapitalismus wieder mit aller Härte deutlich geworden sind, Kapitalismus zu Kriegs- und Katastrophenkapitalismus wird und der Rausch nach dem vermeintlichen Sieg über den Sozialismus am Ende des Kalten Krieges verflogen ist, hat die Diskussion über Sozialismus wieder Konjunktur. Schreiende soziale Polarisierung, die ökologische Katastrophe und die Folge immer neuer ökonomischer Krisen sowie neue Kriege und Militarisierung der internationalen Politik sind die Zeichen an der Wand. Viele Linke teilen die Ansicht: »Die letztliche Antwort auf die Frage ›Warum Sozialismus‹ ist einfach: Er wäre die beste Garantie des Friedens.« (Sunkara 2019: 204) Sozialismus wird als Friedensbotschaft verstanden – Frieden von Menschen, Frieden von Staaten miteinander, Frieden auch mit der Natur. Ein anderes Wort für diesen Frieden ist Solidarität, denn kapitalistische Konkurrenz und Krieg scheinen erneut eine Einheit zu bilden.

Die Zeit des Verstummens nach dem »seltsamen Tod des Sozialismus« (Dahrendorf 1990) ist vorbei. Der Neoliberalismus konnte das vom Marxismus-Leninismus hinterlassene Vakuum nicht lange füllen. Jüngst sind immer neue Bücher und Grundsatzartikel erschienen, die die Frage nach Sozialismus ins Zentrum rücken. Nicht nur international, sondern auch im überschaubaren deutschsprachigen Raum gibt es eine ganze Serie von Publikationen zum Sozialismus (vgl. Dellheim et al. 2012; Paech 2012; Klein 2013; Honneth 2015; Winker 2015; Dörre/Schickert 2019; Zelik 2020; Zeller 2020; Dörre 2021; Klein 2022).

Aber wieso sollte man sich überhaupt die Frage stellen, was Sozialismus ist? Wozu braucht es einen Begriff, wenn »die Sache« auch so vielen Linken klar zu sein scheint? Reicht es denn nicht, sich bewusst zu machen, dass Gesellschaften, die von Kapitalverwertung dominiert werden, ein gutes Leben für alle unmöglich machen (siehe dazu sehr ausgewogen Wright 2017: 77–143). Ist nicht offensichtlich, dass der entfesselte Kapitalismus, von Schock zu Schock schreitend, in die Katastrophe führt? (vgl.

Klein 2009) Und wieso kann man sich nicht darauf beschränken, Sozialismus einfach als eine Gesellschaft zu beschreiben, die sozial, ökologisch, feministisch, antirassistisch, demokratisch und friedlich ist? Die werbenden Adjektive ließen sich fortsetzen. Die oben genannten Darstellungen greifen eine ganze Serie von Einstiegsprojekten auf (siehe zu diesem Konzept Brangsch 2009). Auch die jüngere Klimabewegung hat vieles vorgelegt (siehe Jugendrat der Generationenstiftung 2019; Neubauer/Repenning 2019; Brand 2020; Göpel 2020; Fopp 2021). Weitere Interventionen in die Diskussion könnten genannt werden (siehe Adamczak 2017; Bregman 2019; Winker 2021). Und dies sind nur einige wenige Hinweise. Wieso reicht es nicht, sich genau auf solche Einstiege zu konzentrieren? (vgl. Institut für Gesellschaftsanalyse 2011; Institut für Gesellschaftsanalyse & Friends 2020)

Die Literatur über mögliche Einstiegsprojekte in einen radikalen, solidarisch und sozialistisch ausgerichteten Umbruch ist unübersehbar, alleine schon in der Bundesrepublik. Es fehlen scheinbar nur die Gelegenheit, der berühmte Kairos (vgl. Neupert-Doppler 2019) und eine Kraft, die Welt auf einen anderen Weg zu führen (vgl. Harvey 2009). Dieses kleine Buch wäre nicht geschrieben worden, wenn ich nicht der Auffassung wäre, dass noch etwas anderes fehlt. Nach den bleiernen Jahren der Konterrevolution, die auf die große europäische Revolution von 1848/49 und ihre Niederschlagung folgte, schrieb Ferdinand Lassalle in seinem Geschichte machenden »Arbeiterprogramm« von 1862: »Eine wirklich revolutionäre Bewegung, eine solche, die auf einem wahrhaft neuen Gedankenprinzip steht, ist […] noch niemals untergegangen, mindestens nicht auf Dauer.« (Lassalle 1967: 202) Es ist meine Überzeugung, dass die sozialistischen Bewegungen der bisherigen Wellen des Sozialismus im 19. und 20. Jahrhundert genau auch deshalb untergingen, weil ihnen ein historisch sehr begrenztes Verständnis von Sozialismus zugrunde lag, dessen Kraft sich erschöpft hatte. Wenn diese Annahme richtig ist, dann ist die Erneuerung des Sozialismus nicht ohne Erneuerung des sozialistischen Prinzips oder des Begriffs von Sozialismus möglich. Nur so können m. E. Nancy Frasers Aufforderungen erfüllt werden, »dass ›Sozialismus‹ bei weitem kein bloßes Schlagwort oder Relikt der Geschichte bleibt, sondern der Name für eine echte Alternative zu dem System werden muss, das derzeit den Planeten zerstört und unsere Chancen auf ein freies, demokratisches und gutes Leben zunichte macht.« (Fraser 2022: 157)

Das vorliegende hellblaue Bändchen hat eine große Schwäche: Es ist abstrakt und schematisch. Abstrakt ist es, weil es nicht versucht, die unübersehbare Fülle der Empirie einzubeziehen, die bei jedem einzelnen Punkt sofort aufscheint. Nach Maßgabe meiner Möglichkeiten habe ich auf weitergehende Literatur verwiesen. Schematisch ist es, weil es mir darum geht, dem Begriff Sozialismus »sein Bild zu verschaffen«, »das Schema zu diesem Begriffe« zu finden, mit Kant gesprochen. (Kant 1968: 135) Heute wird ein solches Verfahren *Framing* genannt. Ich habe mich nicht bemüht, die Spuren des offenen Fragens, der tastenden Suche aus dem Manuskript zu tilgen.

Natürlich stellt sich die Frage, wieso man sich die Mühe machen sollte, *begrifflich* das Wesen einer sozialistischen Alternative zu bestimmen? Könnte man nicht einfach eine Kette von mehr oder minder radikalen Transformationsvorschlägen formulieren, die die realen Probleme angehen, ohne dabei *das Ganze* einer anderen, einer nichtkapitalistischen Gesellschaft ins Auge zu fassen und auf den Begriff zu bringen? Und wenn es schon um das Ganze geht, reicht es denn nicht aus, einzelne Elemente eines solchen Ganzen zu definieren? Es stellt sich darüber hinaus eine weitere Frage: Warum sollte es mich als Einzelnen etwas angehen, ein eigenes Verständnis von Sozialismus zu haben? Und vor allem: Warum sollten gesellschaftliche Bewegungen ein solches Sozialismusverständnis entwickeln?

Beim Schreiben dieses kleinen Buches habe ich mir diese Fragen wieder und wieder gestellt. Deshalb hat es auch viel länger gedauert, bis ich es zum hier vorliegenden Abschluss gebracht habe. Dabei wurde mir mehr und mehr bewusst, wie sehr ein solcher Abschluss vorläufig ist und vorläufig bleiben muss. Dem hier vorgelegten Versuch zu beantworten, was Sozialismus ist, gingen viele Versuche voraus, die bis in den 1980er Jahre zurückreichen (siehe Brie 1985, 1991; Brie et al. 1997; Klein 2003; Brie 2018a). Meine heutige, wiederum sehr vorläufige Antwort auf die oben gestellten Fragen ist, dass es genauso wichtig ist, die sozialistische Alternative *auf den Begriff* zu bringen, wie es von Bedeutung ist, Kapitalismus auf den Begriff zu bringen und ihn nicht auf die Ansammlung alles Unsozialen oder Umweltzerstörerischen, Imperialistischen oder Autoritären zu reduzieren. Ohne einen Begriff von Sozialismus ist die Linke meines Erachtens unfähig, sich den realen Widersprüchen der realen kapitalistisch geprägten Gesellschaften und den treibenden Widersprüchen ihrer Überwindung zu stellen.

Dafür steht schon die historische Erfahrung. Es war meiner Überzeugung nach nicht zuletzt ein einseitiger Begriff von Sozialismus, der in viele Sackgassen der Geschichte geführt hat und einen Trümmerhaufen hinterlassen hat, unter dem wir mit Mühe die großen Anfänge ausmachen können, an die Sozialismus auch heute anknüpfen kann. Gerade weil Sozialismus immer wieder als eine *widerspruchsfreie* Gesellschaft verstanden wurde, hat sich die sozialistische – und mit ihr die kommunistische – Bewegung in genau jenen Widersprüchen verfangen, die eine sozialistische Bewegung haben muss, und ist ihnen zum Opfer gefallen. Walter Benjamin schrieb, mit den Katastrophen des aufkommenden Faschismus und dem Versagen des Sozialismus vor dem Zweiten Weltkrieg konfrontiert: »Für den Dialektiker kommt es darauf an, den Wind der Weltgeschichte in den Segeln zu haben. Denken heißt bei ihm: Segel setzen. Wie sie gesetzt werden, das ist wichtig. Worte sind seine Segel. *Wie* sie gesetzt werden, das macht sie zum Begriff.« (Benjamin 1982: 591) Nur eine an den Widersprüche der realen Gesellschaft ansetzende »revolutionäre Realpolitik« (Luxemburg 1979: 373) kann die Segel gegen den Sturm der Geschichte setzen und eine sozialistisch gerichtete Bewegung hervorbringen, die Ausdruck und Bearbeitungsform dieser Widersprüche ist. Wer sich nicht einfach von den Winden treiben lassen will, muss das Wie des Nutzens dieser Widersprüche verstehen. Genau dazu braucht es einen Begriff von Sozialismus.

Kapitalismus wäre nicht Kapitalismus, wenn er nicht Widersprüche in sich hätte, die die Subalternen spalten und die Herrschenden vereinen. Gespalten aber kann keine Bewegung erfolgreich sein. Die Linke ist Teil der Widersprüche des Kapitalismus.

Solange sie diese Widersprüche nicht begreift, sie nicht auf den Begriff bringt und einen Begriff von Sozialismus entwickelt, der dazu beiträgt, diese Widersprüche solidarisch auszutragen, wird sie sich – verkeilt in falschen Gegensätzen – selbst zerstören. Man wird diesen oder jenen berechtigten Ansatz verabsolutieren und ihn unversöhnlich anderen Ansätzen entgegenstellen. Jeder Teil der Linken wird den anderen Teil als Hauptfeind im eigenen Lager ansehen, anstatt an der solidarischen Bearbeitung der unvermeidlichen Widersprüche zu arbeiten. Um es anders auszudrücken: Wenn es um Sozialismus geht, ist Begriffsarbeit Bedingung erfolgreicher Praxis.

Im Folgenden habe ich mich darum bemüht, Denkmittel bereitzustellen, die helfen können, die Frage von Sozialismus als lebendig-widerspruchsvolle Form des Werdens einer Alternative zum Kapitalismus zu diskutieren und sich in den Widersprüchen dieses Werdens zu orientieren. Ich gehe davon aus, dass diese Widersprüche zum Wesen der sozialistischen Linken gehören. Sie bilden jene widersprüchlichen Zusammenhänge, aus denen die Kraft sozialistischer Bewegungen erwachsen kann. Die Voraussetzung dafür ist, diese Widersprüche dialektisch handzuhaben. Viele der Denkmittel, auf die ich mich beziehe, wurden in der 200-jährigen Geschichte des Sozialismus entwickelt. Oft wurden sie vereinseitigt und gegen andere sozialistische Ansätze gerichtet (siehe dazu den großen historischen Abriss von Frank Deppe 2021). Anders als Deppe werde ich mich im Folgenden vor allem auf die Widersprüche der Linken beziehen, die in ihrer Zielvision, im Begriff von Sozialismus selbst liegen. Die dabei formulierten »theoretischen Sätze« machen aber nur Sinn, wenn sie sich letztlich als »allgemeine Ausdrücke tatsächlicher Verhältnisse eines existierenden Klassenkampfes [und der Gesamtheit sozialer Kämpfe – M.B.], einer unter unsren Augen vor sich gehenden geschichtlichen Bewegung« erweisen. (Marx/Engels 1848: 475) Das aber kann nur die gesellschaftliche Praxis erweisen. Wie heißt es in »Flüchtlingsgesprächen« von Bertolt Brecht, befreundet mit Walter Benjamin: »Die Begriffe, die man sich von was macht, sind sehr wichtig. Sie sind die Griffe, mit denen man die Dinge bewegen kann.« (Brecht 1973: 453)

Ernst Bloch hat die Bedeutung von Begriffen für eine emanzipatorische transformatorische Praxis noch fundamentaler auf den Punkt gebracht: Er selbst betonte die Bedeutung klarer Begriffe für ein zielgerichtetes Handeln: »So hat das genaue kategoriale Denken zwar das erste und auf langhin das zeitgemäße wie allemal räumende Wort, aber auftragsgemäß nicht das letzte, als welches Handeln heißt, Verändern. Kein Verändern aber geschieht ohne Begriff, dieser ist der Generalstab gerade der Umwälzung und also der möglichen Ankunft, damit sie nicht woanders ankomme als in dem Meinen des Rechten gemeint.« (Bloch 1975: 239)

Diesem Buch liegt die Annahme zugrunde, dass die Widersprüche des Sozialismus als realer geschichtlicher Bewegung ihre Wurzel im Kampf von Liberalismus und Kommunismus haben. Seit 400 Jahren tobt dieser Kampf. Es gibt einerseits den Kampf des Liberalismus für persönliche Autonomie und Überwindung der Abhängigkeit von vorgefundenen Herrschaftsformen. Es geht um individuelle Freiheitsrechte und Handlungsmöglichkeiten, um die Chance Einzelner, etwas Neues zu wagen, auch gegen heftigste Widerstände. Die Gestaltung von Wirtschaft und Politik ausgehend von der freien Initiative der Einzelnen und ihren selbstbestimmten Zusammenschlüssen steht im Zentrum. Dies war und ist zugleich ein Kampf gegen den Kommunismus der Allmende, der Gemeingüter und ihrer Verteilung nach den Bedürfnissen. Diese Gemeingüter und die gemeinschaftliche Regulierung der Verfügung über sie wurden als Hindernisse auf dem Weg zu einer offenen Gesellschaft der Freien gesehen. Es gibt andererseits den Kampf des Kommunismus gegen die Ausbeutungsstrukturen, die mit dem kapitalistischen Privateigentum verbunden sind, und um die Bewahrung der Gemeingüter – der natürlichen wie der sozialen und kulturellen, ein Kampf um jene Gemeinschaftsformen, die Freiheit und Gleichheit substanziell zu begründen vermögen. Dies war und ist auch ein Kampf gegen die Vorherrschaft privater Rechte und des Privateigentums und für die gemeinsame Kontrolle über die Produktions- und Reproduktionsmittel. In den Sozialismus ging immer beides ein – die Betonung der Freiheitsrechte der Einzelnen und der Kampf um die Gemeingüter eines Lebens in Solidarität.

Es ist das Anliegen dieser Schrift, neu zu entdecken, was im Streit der Ideologien vergessen wurde: Der Sozialismus hat zwei Wurzeln – den Liberalismus und den Kommunismus. Sozialismus ist weder der sozial aufgeklärte und eingedämmte Liberalismus noch ist er die abgeschwächte, unreife oder reformistische Gestalt des Kommunismus. Sozialismus ist jene historische Bewegung, die die Impulse von individueller Emanzipation und von gemeinschaftlicher Befreiung aufgreift und solidarisch verbindet. Schritt für Schritt wird deshalb im Folgenden versucht, Sozialismus als Orientierung, Bewegung und gesellschaftlichen Gesamtzusammenhang zu begreifen, der die Widersprüche komplexer Gesellschaften solidarisch und emanzipatorisch zu bearbeiten sucht und dabei auf das liberale wie das kommunistische Erbe zurückgreift. Die Vorherrschaft der liberalen Tendenz mündete in den Kapitalismus. Die Vorherrschaft der kommunistischen Tendenz führte in den Staatsparteisozialismus sowjetischer Prägung oder anderer kommunistischer Experimente. Dämonen lauern auf beiden Seiten, um die Herrschaft zu übernehmen, wenn es nicht gelingt, die Widersprüche zivilisatorisch zu kontrollieren (vgl. Bauman 2000).

Ich sehe Sozialismus als Weg der Vermittlung von Liberalismus und Kommunismus auf einer neuen institutionellen Grundlage und mit neuen Eigentums- und Machtverhältnissen, in neuer politischer Gestalt, auf neuer Wertegrundlage. Sozialismus, wenn er sich denn als solcher bewährt, führt über Liberalismus und Kommunismus hinaus. Dies schließt zugleich die Reproduktion des Widerspruchs des Liberalen und des Kommunistischen in sozialistischer Gestalt ein. Komplexe Gesellschaften werden diesen Widerspruch nur um den Preis des Untergangs in Barbarei los. Genau diese Barbarei breitet sich gegenwärtig aus.

Die Neubegründung des Sozialismus ist auch deshalb aktuell, weil meines Erachtens nur dann erfolgreiche Bewegungen im Kapitalismus über ihn hinaus möglich sind, wenn wir den Widerspruch zwischen dem Liberalen und dem Kommunistischen in uns aufnehmen. Wenn wir die Freiheit der Einzelnen und ihre Persönlichkeitsentwicklung verteidigen, brauchen wir den Kampf für das Gemeinschaftliche. Und wenn wir für das Gemeinschaftliche kämpfen, müssen wir die Freiheit der Einzelnen verteidigen. Die Flucht vor den darin liegenden Widersprüchen ist die Flucht aus jeder realen, den Kapitalismus überwindenden Bewegung. Die Lust an der Freiheit und der Genuss des Gemeinschaftlichen, das Recht der Einzelnen und die Pflicht gegenüber Gemeinschaften gehören untrennbar zusammen. Sie zu verbinden, ist schwierig, oft schmerzvoll, verlangt Kompromisse. Aber aus den Gegensätzen erwächst, wenn sie emanzipatorisch und solidarisch gehandhabt werden, jene sozialistische Bewegung, die den jetzigen kapitalistischen Zustand aufzuheben vermag. Die Linke hat meines Erachtens nur dann eine Zukunft, wenn sie sich dieser beiden Quellen des Sozialismus bewusst wird und aus ihnen beiden in ihrer Widersprüchlichkeit die Kraft schöpft, die Kämpfe gegen Kriege, Umweltzerstörung und soziale Spaltung selbstbewusst zu führen. Zugleich, das sei hier angefügt, sollte sich die Linke auch des Erbes der revolutionären antikapitalistischen Romantik versichern (vgl. Löwy 1989; Löwy/Sayre 2001). Es ist dies ein Aspekt von Sozialismus, der immer wieder einem linearen Fortschrittsdenken und den »Sachzwängen« geopfert wurde. Ohne Aufhebung dieses romantischen Erbes und seiner Bewahrung und Integration wird es aber keinen radikalen zivilisatorischen Wandel geben können. Es ist Zeit, auch die Romantik und ihre Bedeutung für den Sozialismus »neu zu entdecken«. Dies kann das vorliegende Buch nicht leisten.

Der Neoliberalismus war vor allem auch der Versuch, jene Ansätze und Elemente des Kommunistischen, des Sozialen, der Orientierung an den Interessen der Lohnabhängigen und sozial Schwächeren, die in vielen westlichen Gesellschaften nach dem Zweiten Weltkrieg entwickelt worden waren, zurückzudrängen. Der Sieg im Kalten Krieg über die Sowjetunion wurde als Sieg über das kommunistische Prinzip deklariert. Anstelle mit einer neuen Welle der Integration des Kommunistischen in die liberalen westlichen Gesellschaften zu antworten, begann eine scharfe Austreibung des kommunistischen Beelzebubs. Das Gespenst des Kommunismus sollte sich nie wieder drohend erheben können. Ein Blick in Hegels »Phänomenologie des Geistes« hätte die Neoliberalen aber eines Besseren belehren können. Dort heißt es mit Bezug auf die siegreiche Aufklärung: »Eine Partei bewährt sich erst dadurch als die *siegende,* dass sie in zwei Parteien zerfällt; denn darin zeigt sie das Prinzip, das sie bekämpfte, an ihr selbst zu besitzen und hiermit die Einseitigkeit aufgehoben zu haben, in der sie vorher auftrat.« (Hegel 1986: 425)

Die Niederlagen der Linken seit den 1970er-Jahren, ihre Unterordnung unter den Neoliberalismus und finanzialisierten Kapitalismus (vgl. Boltanski/Chiapello 2003; Fraser 2013) hängt m. E. auch damit zusammen, dass sie in ihrem Versuch, neue libertäre emanzipatorische Durchbrüche zu erreichen, nicht vermocht hat, gleichzeitig auch das kommunistische Erbe zu erneuern. Dieses Erbe und die mit ihm verbundenen Ansätze einer kommunistischen Partei, des Gemeineigentums, des Gemeinwillens und von Gemeinschaftlichkeit fielen dem Verdikt von Totalitarismus und Autoritarismus zum Opfer. Linke Bewegungen, die dem Kommunistischen abschwören, so meines Erachtens die historische Erfahrung, hören auf links zu sein und werden zu einer subalternen Spielart des Liberalismus (siehe dazu prägnant Losurdo 2010; Magri 2015).

Ich wende mich an die Nachdenklichen, die die Suche nach der intelligenten Vermittlung des Gegensätzlichen nicht scheuen (Eisler 1975: 188). Weder möchte ich schnelle, noch möchte ich fertige Antworten geben, sondern Räume eröffnen, in denen sinnvoll Fragen gestellt, über Probleme nachgedacht, zugleich radikale wie realistische Strategien entwickelt werden können. Deswegen habe ich auch nicht versucht, diese Räume mit zu viel Mobiliar an »Lösungen« vollzustellen. Ich habe mich bemüht, das Buch im Geiste der »belehrten Unwissenheit«, des Wissens um das Nichtwissen zu schreiben, wie es Nikolaus von Kues am Ende des europäischen Mittelalters, am Beginn einer neuen Epoche, forderte (vgl. Kues 2002: 3).

Wenn es eine »Lehre« aus der Geschichte gibt, dann ist es die, dass nichts gefährlicher ist, als die Illusion, den Widersprüchen emanzipatorischer Bewegungen entkommen zu können. Dies ist eine grundfalsche Utopie. Sie verdummt, macht denkfaul und aggressiv gegen jeden, der ein Widerwort erhebt. Sie ist das Opium der Linken. Es ist keineswegs der Ausdruck von Radikalität, sich den Widersprüchen von Emanzipation auf dem Weg zu einer nachkapitalistischen Gesellschaft zu verweigern. Die heutigen Widersprüche sozialistischer Bewegungen weisen auf die Widersprüche in der Zukunft hin und umgekehrt nehmen sie diese vorweg. Wer sich der Komplexität dieser Widersprüche verweigert, verweigert sich einer wirklich revolutionären Realpolitik im Sinne von Rosa Luxemburg (vgl. Luxemburg 1979: 373; siehe dazu die Beiträge in Brie 2009a). Wie Ernst Bloch schrieb: »[...] die Horizonte und deren anfeuernder Vorschein müssen in allen Nahzielen sichtbar sein, und das durchziehende, vorleuchtende, anziehende Endziel muss in die Theorie-Praxis sämtlicher Nahziele hineinwirken, als Entelechie aller aussichtsreichen revolutionären Bewegungen. Revolutionäre Theorie ist also nur eine, wenn sie solcher Vermittlung von Nahzielen und Endziel sich widmet.« (Bloch 1975: 122; siehe auch Klein 2018) Der Charakter von Widersprüchen sozialistischer Bewegungen, die Nah- und Fernziel vermitteln, *kann* sich ändern mit den Epochen, in denen sie sich formieren. Die Umgangsweise mit Widersprüchen des Sozialismus in der Linken *muss* sich ändern, weil die Linke in der Krise ist. Jeder Versuch, Widersprüchen zu entkommen, ist zum Scheitern verurteilt, weil in den Widersprüchen die Quelle jedes Lebens steckt.

Die These, die dieser kleinen Schrift zugrunde liegt, ist denkbar einfach: Sozialismus wird als eine Gesellschaft verstanden, die sich erstens ihrer kommunistischen Fundamente bewusst ist und diese verantwortungsvoll bewahrt und stärkt, sich zweitens an den Werten von Freiheit, Gleichheit und Solidarität ausrichtet und drittens Menschen ermöglicht, ein erfülltes Leben zu führen. Dies alles ist nur möglich, wenn eine solche Gesellschaft über wirksame Akteure und Institutionen verfügt, die diese dreifache Aufgabe erfüllen. Sozialismus ist jene Bewegungsform der Widersprüche komplexer moderner Gesellschaft, die in der Lage ist, Ausbeutung, Unterdrückung und Entmündigung von Menschen durch Menschen und Ausbeutung der Natur hinter sich zu lassen. Als solche stellt Sozialismus tatsächlich den überlebenswichtigen Weg dar, der über Liberalismus und Kommunismus hinausgeht. Die kommunistischen Fundamente bilden die gemeinsame »Erde« dieser Gesellschaft; Freiheit, Gleichheit und Solidarität die Fixsterne am »Himmel«; und die Akteure und Institutionen des Sozialismus vermitteln zwischen diesem Himmel und dieser Erde. Jede und jeder erhalten damit die Chance, ein erfülltes, reiches Leben zu führen. Sozialismus kann dafür nur die Möglichkeiten schaffen, einlösen müssen Menschen diese Möglichkeiten selbst.

Um den Begriff von Sozialismus in einem einzigen Satz auszudrücken: Sozialismus ist die solidarische Austragungsform zwischen den Freiheitsansprüchen der Einzelnen und den kommunistischen Fundamenten in modernen komplexen Gesellschaften mit dem Ziel, Menschen ein erfülltes Leben in Verantwortung füreinander in einer an Möglichkeiten reichen Welt zu ermöglichen. Dabei stehen die im Zentrum, die besonders benachteiligt sind. Die Verbesserung ihres Lebens ist das Maß sozialistischer Politik. Ziel ist es, die Antagonismen des Kapitalismus, in denen die Entwicklung der Einen nur auf Kosten der Anderen erfolgt, hinter sich zu lassen. Keinesfalls ist »alles Sozialismus, was sich, qua Anti-Person, Anti-Liberalität, so nennt.« (Bloch 2007: 214) Sozialismus ist aber auch nicht alles, was sich auf Gemeineigentum und gesellschaftliches Gesamtinteresse beruft. Nicht der Kommunismus ist, wie Brecht hoffte, das Mittlere (vgl. Brecht 1969: 103), sondern jener Sozialismus, der Freiheit und Gleichheit, Freiheit und Gemeinschaftlichkeit auf solidarischer Grundlage vermittelt. Dies ist keine »Versöhnung« von Liberalismus und Kommunismus durch Abschleifung ihrer Gegensätze, sondern die anstrengende und oft harte Austragung genau dieser Gegensätze mit sozialistischer Zielrichtung. Die berechtigten Anliegen dieser beiden großen Strömungen der Neuzeit müssen bewahrt werden. Dies verlangt das Auffinden und Durchsetzen jener gesellschaftlichen Formen, in denen sie solidarisch bearbeitet werden können. Zugleich müssen jene Impulse aufgegriffen werden, die in den romantischen Bewegungen der letzten 250 Jahre entwickelt wurden, weil in ihnen danach gesucht wurde, was überhaupt ein erfülltes Leben der Menschen in ihren unmittelbaren Beziehungen zueinander, in Gemeinschaften und Natur, im Verhältnis zu Geschichte und Zukunft bedeuten kann. Der Liberalismus sucht nach Antworten, wie individuelle Freiheit zur Grundlage einer komplexen Gesellschaft werden kann. Der Kommunismus strebt nach Formen, diese Komplexität solidarisch zu organisieren und auf gemeinschaftliche Entwicklung auszurichten. Die Romantik stellt die Frage nach einem *sinnerfüllten Leben* miteinander in einer reichen Natur und Kultur.

Ausgehend von dem Gesagten kann Sozialismus in dieser Schrift so definiert werden: Sozialismus ist nicht der immer wieder auf fatale Weise gescheiterte Versuch, die Widersprüche moderner Gesellschaften hinter sich zu lassen, sondern ein Weg, sie *radikal anders* zu vermitteln. Seine drei Quellen sind der Liberalismus, der Kommunismus und die Romantik. Seine drei ideellen Bestandteile sind kritische Gesellschaftsanalyse und Herrschaftskritik, Realutopien einer sozialistischen Entwicklungsweise und Transformationsforschung. Seine drei realen Bezugspunkte sind emanzipatorische solidarische Bewegungen, linke politische Kräfte und kritisch-solidarische Kultur, Kunst und Wissenschaft. Und seine drei Wellen entsprechen den drei Typen des Kapitalismus in den letzten 200 Jahren – dem Manchesterkapitalismus, dem organisierten Kapitalismus und dem neoliberalen Finanzmarkt-Kapitalismus (vgl. Brie 2016a).

Der Sozialismus ist tot! Es lebe der Sozialismus! Mit diesen beiden Sätzen lässt sich ein Paradoxon formulieren, dass jede Diskussion über Sozialismus in der Gegenwart prägen muss. Der Sozialismus als reale historische Bewegung größerer sozialer Gruppen entstand vor über 200 Jahren in England und Frankreich. Wenn Sozialistinnen und Sozialisten zurückblicken, dann sehen sie strahlende Neuansätze in wahrhaft dunklen Zeiten, die bis heute Licht werfen bei der Erkundung neuer Lebensmöglichkeiten, neuer gesellschaftlicher und zwischenmenschlicher Verhältnisse, einer neuen Beziehung zur Natur. Und sie sehen im schwarzgrauen Licht auf Verzweiflung, auf Zerstörung, auf Lager und auf Mauern. Daraus kann keine aufsteigende Spirale konstruiert werden mit der Hoffnung, dass die Größe der Niederlage ein noch größeres Siegesversprechen enthalte. Zugleich ist Sozialismus ganz offensichtlich nicht tot zu kriegen. Auch die schlimmsten selbst verschuldeten Zusammenbrüche führen nicht dazu, dass Sozialismus nicht wieder durch diese oder jene gesellschaftlichen Kräfte auf die Tagesordnung gerückt wird. Man kann es mit Ann Pettifor auch so auf den Punkt bringen: »Wir können als Ziel wählen, zu überleben. Aber damit wir überleben, muss sich alles ändern. Wirklich alles.« (Pettifor 2020: 20) Mit dem Wort Sozialismus wird die Systemqualität der Veränderung von Allem auf den Begriff gebracht. Nur gilt es, diesen Begriff neu zu bestimmen. Die Redaktion der chinesischen Zeitschrift *Cultural Review* fasst ihr eigenes Anliegen der Erneuerung des Sozialismusdiskurses so: Es ginge darum, »die Praxis des Sozialismus in der Ära von Mao Zedong als chinesischer Sozialismus 1.0 und die sozialistische Marktwirtschaft seit der Reform und Öffnung als Sozialismus 2.0 zu erfassen. Im Zusammenhang mit der Analyse der gegenwärtigen politischen und wirtschaftlichen Umwälzungen wollen wir darauf hinweisen, dass im zukünftigen China ein Sozialismus 3.0 entwickelt werden muss, der auf Weiterführung und Aufhebung des Sozialismus 1.0 und des Sozialismus 2.0 basiert.« (Redaktion der Beijing Cultural Review 2021: 39)

Beides ist ernst zu nehmen – das ständige Neuentstehen von Sozialismus in seinen verschiedensten Formen wie seine Niederlagen. Und beides ist begründungsbedürftig – die Aufbrüche sind es wie auch das Scheitern. Es muss auch gefragt werden, ob dieses Scheitern zwangsläufig ist. Zwei Sichtweisen sind möglich: Zum einen kann sich erweisen, dass Sozialismus nur der Schatten genau der Gesellschaftsordnung ist, die er bekämpft und die er ablösen will, des Kapitalismus. Versteht man ihn so, ist er eine notwendige Begleiterscheinung einer kapitalistischen Gesellschaft und selbst unfähig, dauerhaft aus eigener Kraft zu leben. Ein solcher Sozialismus zieht seine Lebensfähigkeit daraus, Korrektiv des Kapitalismus zu sein, ihm seine Grenzen aufzuzeigen und zu Reformen zu drängen, zu denen dieser ohne einen solchen Schatten unfähig wäre. Das würde bedeuten, dass ein entfesselter Kapitalismus, wie der nach 1990, ein Kapitalismus, der seinen Gegenspieler verlor und dessen Überreste zu beseitigen suchte, vielleicht sogar darauf angewiesen ist, dass sein sozialistischer Schatten wieder entsteht, um ihm das Überleben zu ermöglichen.

Eine andere Möglichkeit ist, dass der Kapitalismus selbst immer neu die objektiven wie subjektiven Bedingungen seiner eigenen – sozialistischen – Negation erzeugt. Dann müsste sich zeigen, dass in der Perspektive ein Sozialismus als Gesellschaftsordnung möglich ist, der dauerhaft den Kapitalismus hinter sich lässt. Dazu müsste bestimmt werden, welches die Grundbedingungen wären, die er dazu erfüllen müsste.

Dieses Buch soll dazu beitragen, Antworten zu finden. Dabei bin ich mir der Mahnung von Bertolt Brecht bewusst:

»Gelobt sei der Zweifel!
Ich rate euch, begrüßt mir
Heiter und mit Achtung den
Der euer Wort wie einen schlechten Pfennig prüft!
Ich wollte, ihr wäret weise und gäbt
Euer Wort nicht allzu zuversichtlich.«
(Brecht 1978: 123)

Das Buch beginnt mit einem Rückblick auf Erfahrungen des 20. Jahrhunderts, auf Positionen von Thomas Mann, Albert Einstein und Ernst Bloch sowie jene Einsichten, die Menschen gewonnen haben, die ihre Kindheit und Jugend in der DDR und ihr erwachsenes Leben in der Bundesrepublik verbracht haben. Es geht um ihre Sicht auf eine »gute Gesellschaft«. Das zweite Kapitel setzt sich mit Positionen auseinander, die die Kritik des Kapitalismus nicht mit der Erkenntnis der Stärken dieser Gesellschaftsordnung zu verbinden vermögen. Im dritten Kapitel werden kurz Auffassungen von Karl Marx, Otto Neurath und Ludwig von Mises über die Möglichkeit bzw. Unmöglichkeit einer sozialistischen Wirtschaftsordnung dargestellt. Das vierte Kapitel wendet sich Karl Polanyi zu. Er war es, der Mises' Herausforderung ernst nahm und einen neuen Ansatz von sozialistischer Wirtschaftsdemokratie entwickelte, der bis heute nachwirkt. Im fünften Kapitel werden Konturen eines Verständnisses entwickelt, das Sozialismus als solidarische und emanzipatorische Austragung der Widersprüche komplexer Gesellschaft begreift. Im Zentrum steht der Widerspruch zwischen freier Entwicklung der Einzelnen und freier Entwicklung aller.

Sozialismus ist keinesfalls das Einfache, das schwer zu machen ist, sondern im Gegenteil eine komplexe widersprüchliche Form gesellschaftlicher Entwicklung, für die im Kapitalismus Ansätze bestehen. Dies ist die Voraussetzung einer radikalen sozialökologischen Transformation und der Herstellung einer globalen Ordnung des Friedens und der solidarischen Entwicklung.

China ist der Elefant im Raum bei fast jeder Frage der Gegenwart, auch bei der nach dem Sozialismus. Deshalb kann der »chinesischen Frage« nicht ausgewichen werden. Es war deshalb nahezu unvermeidlich, dass das geplante Kapitel zu China am Ende zu einem eigenen kleinen Buch auswuchs, das unter dem Titel »Chinas Sozialismus neu entdecken« im Frühjahr 2023 erscheinen soll. Denn beim Versuch, Sozialismus neu zu entdecken, habe ich für mich auch etwas von China völlig neu entdeckt – jenem Land, dem ich seit 1958 verbunden bin, als ich, noch nicht vierjährig, zum ersten Mal mit dem Flugzeug im Nordosten von Beijing landete.

Ohne die Herausforderung, die der chinesische Sozialismus und seine Entwicklung seit 1978 bilden, wäre auch dieses Buch vielleicht nie geschrieben worden und hätte auf jeden Fall deutlich anders ausgesehen. Deshalb gehören am Ende beide Bücher, das vorliegende wie das zu Chinas Sozialismus, zusammen. Man könnte auch sagen, dass im Folgenden jener methodologische Rahmen entwickelt wird, der sich mit Blick auf China bewähren muss. Sie spiegeln sich ineinander wie das Allgemeine und das Besondere.

Kapitel 1
Sozialismus im Widerstreit von Kommunismus und Liberalismus

Die Erkenntnis, dass Sozialismus sich der liberalen wie der kommunistischen Herausforderung versichern muss, ist nicht neu. Sehr kurz sei auf die Positionen von drei herausragenden deutschsprachigen Intellektuellen der Mitte des 20. Jahrhunderts eingegangen, die nach den Erfahrungen des Faschismus und konfrontiert mit einem neuen Kalten Krieg nach der Symbiose von Liberalismus und Kommunismus auf einer neuen Grundlage suchten – Thomas Mann, Albert Einstein und Ernst Bloch. Sie einte nicht zuletzt, dass sie alle in den USA Zuflucht vor dem Faschismus fanden. Anschließend will ich zeigen, wie Menschen, die in den sozialistischen Ländern sowjetischen Typs aufgewachsen sind und heute im liberaldemokratischen Kapitalismus leben, über eine »gute Gesellschaft« denken. Auch für sie vereint eine solche Gesellschaft liberale und kommunistische Züge.

Thomas Manns Warnung vor der Grundtorheit der Epoche

Angesichts des sich abzeichnenden Kalten Krieges zwischen den USA und der Sowjetunion schrieb Thomas Mann 1945 in einem Brief an den stellvertretenden Vorsitzenden der »Students for Federal World Government«, David McCoy: »Den russischen Kommunismus mit dem Nazifaschismus auf die gleiche moralische Stufe zu stellen, weil beide totalitär seien, ist bestenfalls Oberflächlichkeit, im schlimmeren Falle ist es – Faschismus. Wer auf dieser Gleichstellung beharrt, mag sich als Demokrat vorkommen, in Wahrheit und im Herzensgrund ist er damit bereits Faschist und wird mit Sicherheit den Faschismus nur unaufrichtig und zum Schein, mit vollem Hass aber allein den Kommunismus bekämpfen. Die Unterschiede im Verhältnis des russischen Sozialismus und des Faschismus zur Humanität, zur Idee des Menschen und seiner Zukunft sind unermesslich. Der unteilbare Friede; konstruktive Arbeit und gerechter Lohn; ein allgemeiner Genuss der Güter dieser Erde; mehr Glück, weniger vermeidbares und nur vom Menschen verschuldetes Leid hienieden; die geistige Hebung des Volkes durch Erziehung, durch Wissen, durch Bildung – das alles sind Ziele, die denjenigen faschistischer Misanthropie, faschistischen Nihilismus, faschistischer Erniedrigungslust und Verdummungspädagogik diametral entgegengesetzt sind.« (Mann 1977: 311f.) Die oft behauptete Äquidistanz derer, die sich für Demokraten halten, zu Faschismus und Kommunismus führt, folgt man dieser Auffassung, zwangsläufig dazu, faschistische Tendenzen aktiv zu befördern. Thomas Manns These, dass der antikommunistische Demokrat ein Faschist sei, war damals und ist heute wieder eine ungeheure Provokation.

Die These von Thomas Mann stützt sich zunächst einmal auf eine ganz einfache Beobachtung: Der Aufstieg des europäischen Faschismus, seine Duldung und teilweise Unterstützung erfolgte auf der Basis des antikommunistischen Grundkonsenses der liberalen, konservativen und faschistischen Kräfte. Dessen war sich Thomas Mann sehr bewusst. Im Oktober 1943 hatte er vor der *Library of Congress* in Washington unter dem Titel »The War and the Future« eine Rede gehalten. Sie wurde 1944 auf deutsch unter dem Titel »Schicksal und Aufgabe« abgedruckt. Zentrale These dieser Rede war, dass der Faschismus vom »Schrecken der bürgerlichen Welt vor dem Wort Kommunismus [...] lange gelebt« (Mann 1986: 662) habe. Diese Furcht sei »die Quelle des Muts für unsere Feinde« (Mann 1986: 663). Der Schrecken vor dem Wort Kommunismus sei, so Thomas Mann, »die Grundtorheit unserer Epoche« (Mann 1986: 662). Er sprach nur eine Tatsache aus, als er konstatierte, dass »in den Augen des konservativen Kapitalismus des Westens [...] der Faschismus schlechthin das Bollwerk gegen den Bolschewismus und gegen alles, was man darunter verstand« (Mann 1986: 659), gewesen sei. Man kann seine Warnung vor dem Antikommunismus auch so formulieren: Wenn sich die Verteidigung der Freiheit, der Liberalität, der bürgerlichen und politischen Rechte der Einzelnen vor allem als Abwehr des Kommunistischen, d.h. der gemeinsamen sozialen Verantwortung, der Solidarität, der gemeinschaftlichen Regelung wichtigster sozialer Aufgaben versteht, dann gehen die Anhänger der Freiheit zwangsläufig ein Bündnis mit den schlimmsten Feinden der Freiheit, den Faschisten, ein. Den Weltkrieg, auf dessen Höhepunkt Thomas Mann in Washington auftrat, sah er als »ein Mittel [...] zum Ausgleich von Sozialismus und Demokratie« (Mann 1986: 660).

Thomas Mann ging aber über die taktischen Erwägungen der Gefährlichkeit des Antikommunismus für alle Demokraten hinaus. Man dürfe nicht nur auf die besondere Gestalt des Kommunismus der Gegenwart, sprich: die Sowjetunion, blicken. Der Kommunismus sei »älter als Marx und das neunzehnte Jahrhundert«: »Älter ist er, weil schon die religiösen Volksbewegungen des ausgehenden Mittelalters einen eschatologisch-kommunistischen Charakter hatten: schon damals sollten Erde, Wasser, Luft, das Wild, die Fische und Vögel allen gemeinsam gehören, auch die Herren sollten um das tägliche Brot arbeiten, und alle Lasten und Steuern sollten aufgehoben sein.« (Mann 1986: 662f.) Davon ausgehend definierte Thomas Mann auch jene Elemente dieses Kommunismus, »die erst einer Zukunftswelt angehören« (Mann 1986: 662) werden: »Der Zukunft aber gehört er [der Kommunismus – M.B.] an insofern, als die Welt, die nach uns kommt, in der unsere Kinder und Enkel leben werden und die langsam ihre Umrisse zu enthüllen beginnt, schwerlich ohne kommunistische Züge vorzustellen ist: das heißt, ohne die Grundidee des gemeinsamen Besitz- und Genussrechtes an den Gütern der Erde, ohne fortschreitende Einebnung der Klassenunterschiede, ohne das Recht auf Arbeit und die Pflicht zur Arbeit für alle.« (Mann 1986: 663).

In seiner Rede in Washington skizzierte Thomas Mann die Umrisse einer neuen, weit in die Zukunft weisenden Idee. Dies seien »die soziale Demokratie und ein Humanismus, der, statt in mutlosem Relativismus steckenzubleiben, wieder den Mut hat zur Unterscheidung von Gut und Böse« (Mann 1986: 647). Freiheit und Gleichheit müssten »ein neues Gleichgewicht« (Mann 1986: 664) finden. Dazu aber, so Mann, bräuchte es des Kommunistischen: »Gemeinschaft, Kommunität, da haben Sie das Stammwort der Schreckensvokabel ›Kommunismus‹, mit der Hitler seine Eroberungen gemacht hat. Ich habe gar keinen Zweifel, dass Welt und Menschenleben sich nolens volens und unaufhaltsam in eine Lebensform hineinbewegen, für die das Epitheton ›kommunistisch‹ noch das zutreffendste ist, das heißt in eine Lebensform der Gemeinsamkeit, der gegenseitigen Abhängigkeit und Verantwortlichkeit, des gemeinsamen Anrechtes auf den Genuss der Güter dieser Erde, einfach infolge des Zusammenwachsens des Erdraumes, der technischen Verkleinerung und Intimisierung der Welt, in der alle Heimatrecht haben und deren Verwaltung alle angeht.« (Mann 1986: 664f.)

In seiner Rede im Oktober 1943 antizipierte er ein Projekt, dass mit Gründung der Vereinten Nationen unter Führung von Eleanor Roosevelt in Angriff genommen wurde – die »Allgemeine Erklärung der Menschenrechte«, die am 10. Dezember 1948 verabschiedet wurde. In seiner »State of the Union Message to Congress« vom 11. Januar 1944 hatte Franklin D. Roosevelt mit seiner Ankündigung einer zweiten Grundrechtecharta für die USA den Weg zur Ergänzung der liberalen Rechte durch soziale Rechte und das Recht auf Frieden und Sicherheit angekündigt (vgl. Roosevelt 1944; siehe auch Sunstein 2004). Im direkten Bezug auf diese sich schon im New Deal der 1930er-Jahre ankündigenden Vision (vgl. Lehndorff 2020) formulierte Thomas Mann: »Was vor allem wiederherzustellen ist, das sind die von einer falschen Revolution mit Füßen getretenen Gebote des Christentums, und aus ihnen muss das Grundgesetz für das künftige Zusammenleben der Völker abgeleitet werden, vor dem alle sich werden beugen müssen. Keine wirkliche Befriedigung der Welt, keine Zusammenarbeit der Völker für das gemeinsame Wohl und den menschlichen Fortschritt wird möglich sein ohne ein solches, bei aller nationalen Verschiedenheit und Freiheit, für alle gültiges, von allen anerkanntes Grundgesetz, eine Magna Charta des Menschenrechts, welche dem Individuum seine Rechtssicherheit, seine Unantastbarkeit, sein Recht auf Arbeit und Lebensgenuss garantiert, und für die die amerikanische Bill of Rights als Vorbild dienen mag.« (Mann 1986: 665f.)

Albert Einsteins sozialistische Intervention in den Kalten Krieg

Zwei Jahre nach dem Ende des Zweiten Weltkrieges befanden sich die USA und die Sowjetunion, kurz zuvor noch Verbündete bei der Niederwerfung des Faschismus, im Kalten Krieg. In den USA begann eine Welle der aggressiven Verfolgung von Kommunistinnen und Kommunisten und anderer Linker. Sie wurden »antiamerikanischer Umtriebe« bezichtigt. 1948 wurde ein Gesetz verabschiedet, dass die Schaffung von Internierungslager (»detention camps«) vorsah. Die sowjetische Führung schwenkte ihrerseits um auf eine Politik des strikten Antiliberalismus. In dieser Situation schärfster politischer Konfrontation tat Albert Einstein, der seit 1933 in den USA lebte, das Unmögliche. Er schrieb für die erste Ausgabe der sozialistischen Zeitschrift *Monthly Review* 1949 den Artikel »Why Socialism?« – »Warum Sozialismus?«. Am Ende des Artikels heißt es: »Klarheit über die Ziele und Probleme des Sozialismus ist für unsere Zeit des Übergangs von größter Bedeutung. Leider ist bei dem jetzigen Zustande der Gesellschaft die freie Diskussion dieser Dinge durch ein mächtiges Tabu erschwert.« (Einstein 1986: 175, siehe auch online 2005) Das Tabu, auf das sich Einstein bezog, betraf den *Kommunismus*.

Einsteins kurzer Artikel von knapp sechs Seiten stellte zentrale Fragen jeder ernsthaften Sozialismusdiskussion. Sozialismus ist für ihn erstens eine wissenschaftliche und zweitens eine sozialethische Frage. Während Wissenschaft die Felder des Möglichen und Unmöglichen erforscht, zielt die Ethik, so Einstein, darauf, was sein soll und warum. Drittens war es für Einstein selbstverständlich, dass Sozialismus von der anthropologisch begründeten Widersprüchlichkeit des Menschen als eines zugleich auf sich selbst gestellten, solitären und eines auf andere bezogenen, sozialen Wesens ausgehen müsse. Viertens verweist er auf das »Wesen der Krise der Gegenwart«. Er sieht diese Krise darin begründet, dass eine »wirtschaftliche Anarchie« gegeben sei und eine »Oligarchie des Privatkapitals« herrsche, die nicht demokratisch kontrolliert werden könne. Auch wenn es keine »*rein* kapitalistische Gesellschaft« gebe, so seien kapitalistischen Gesellschaften doch alle durch zwei Prinzipien dominiert: Das Privateigentum an den Produktionsmitteln und die Freiheit des Arbeitsvertrags. Die Produktion erfolge für den Profit und nicht nach den Maßstäben gesellschaftlicher Nützlichkeit. Jeder müsse um seinen Job fürchten. Das schlimmste Übel sei die »Verkrüpplung des sozialen Bewusstseins der Einzelnen«. Ihr soziales Wesen werde zugunsten von

Selbstsucht und Konkurrenz unterdrückt. Fünftens führte Einstein aus: »Nach meiner Überzeugung gibt es nur *einen* Weg zur Beseitigung dieser schweren Übel, nämlich die Etablierung der sozialistischen Wirtschaft, vereint mit einer auf soziale Ziele eingestellten Erziehung: Die Arbeitsmittel werden Eigentum der Gesellschaft und werden von dieser planwirtschaftlich verwendet.« (Einstein 1986: 175) Und sechstens ging Einstein noch auf mögliche Gefahren eines solchen Sozialismus ein. Man dürfe ihn nicht mit einer geplanten Gesellschaft gleichsetzen. Eine solche verplante Gesellschaft könne auch in die »völlige Versklavung des Individuums« münden. Im Sozialismus müsse folgendes Problem gelöst werden: »Wie bringt man es bei so weitgehender Zentralisierung der politischen und ökonomischen Macht zuwege, dass die Bürokratie nicht zu mächtig wird und zu sehr anschwillt, dass das Individuum nicht politisch verkümmert und mit ihm das demokratische Gegengewicht gegen die Macht der Bürokratie?« (Einstein 1986: 175) Einstein ging es um die emanzipatorische Austragung des Widerspruchs zwischen den kommunistischen Grundlagen moderner Gesellschaften und den liberalen Institutionen, die die Freiheit der Einzelnen schützen. In diesem Artikel von 1948 leistete Einstein das fast Unmögliche: Er wollte die Idee des Sozialismus unter den Bedingungen des entfesselten Antikommunismus und eines verschärften Stalinismus am Leben erhalten.

Ernst Blochs Forderung der Verbindung von Kommunismus und Liberalismus

1957 wurde der an der Leipziger Karl-Marx-Universität lehrende Philosoph Ernst Bloch zwangsemeritiert. Das kurze Tauwetter nach Stalins Tod fand mit der Niederschlagung des Aufstands in Ungarn ein Ende. Blochs letzte Vorlesung an der Leipziger Universität hatte den Titel »Probleme der Fortentwicklung des Marxismus nach Marx«. Unter anderem fielen die Sätze: »Die Märtyrer des Marxismus sind nicht für ein durchorganisiertes Produktionsbudget gestorben.« »Der Marxismus ist per definitionem Erneuerung, dazu gehört Mut, revolutionärer Elan, keine Routine, sondern materialistisch begriffene Hoffnung.« (zitiert in Zwerenz 2006) Ernst Bloch, der noch zwei Jahre zuvor aus Anlass seines 70. Geburtstags den Nationalpreis der DDR erhalten hatte, wurde 1957 zum Schweigen verurteilt. Die Periode des verordneten Schweigens nutzte er, um sein wichtigstes Alterswerk zu verfassen – »Naturrecht und menschliche Würde«. In dem Staat, in dem er es geschrieben hatte, durfte es nie erscheinen.

Blochs Schrift nahm einen bis heute in vielen marxistischen Zusammenhängen nicht aufgenommenen Paradigmenwechsel vor. Marx wie Engels hatten sich spätestens 1845 entschieden, ihre eigenen Auffassungen als deutschen »kritischen Kommunismus« zu bezeichnen. Dies schloss eine harte Abgrenzung gegenüber dem Liberalismus ein und schloss alle Versuche, Kommunismus und Liberalismus sozialistisch zu »versöhnen«, aus. Diese Position der radikalen Negation des Liberalismus durch Marx und Engels basierte auf der Annahme, dass die liberalen Menschenrechte Ausdruck kapitalistischer Verhältnisse seien und diese stabilisieren würden. Märkte würden unvermeidlich immer wieder Kapitalismus hervorbringen; liberales Recht und liberale Staatsformen seien Vermittlungsweisen der kapitalistischen Klassenherrschaft. Eine nachkapitalistische Gesellschaft, so die durch Marx spätestens 1844 formulierte Position, bedürfe in der langfristigen Perspektive keiner liberalen Rechte und Institutionen. Märkte, Recht und Staat würden »absterben«, sobald sich die neue Gesellschaft auf eigener Grundlage entwickle.

Mit seiner Rückkehr nach Deutschland, in die DDR, musste Bloch persönlich die Erfahrung machen, dass der durch die Bolschewiki unter Lenin begründete Staatsparteisozialismus sowjetischer Prägung zu einem System neuer Unmündigkeit geworden war. Er erkannte, dass die Versuche der Entstalinisierung nach 1953 halbherzig blieben. Die Art der Niederschlagung der Proteste in der DDR 1953 und die Entwicklungen in Polen und Ungarn 1956 zeigten ihm die systemischen Grenzen des sowjetischen Sozialismus auf. Bloch begann, die in dieser Zeit gewonnene Einsicht philosophisch zu verarbeiten. Seine Haupterkenntnis war, dass der Sozialismus neben dem kommunistischen Erbe der Orientierung auf die Gemeingüter auch das Erbe an den »ehemals liberalen, nicht nur liberalen *Menschenrechten*« (Bloch 2007: 12) antreten müsse.

Blochs Position des positiven Bezugs gleichermaßen auf Kommunismus und Liberalismus stellte einen offenen Bruch mit dem Leninismus dar. Lenin hatte einerseits sofort nach der Übernahme der Macht durch die Bolschewiki die Verstaatlichung der Druckereien und großen öffentlichen Gebäude durchgesetzt. Zugleich beseitigte Lenins Regierung die subjektiven Rechte der Bürgerinnen und Bürgern, diese Druckereien und Gebäude zu nutzen, um sich unabhängig von der herrschenden Partei und ihrem Staat zu versammeln, zu organisieren und eine eigene Position zu äußern. Dabei waren die liberalen Rechte in den Reformbewegungen des 19. Jahrhunderts und den Revolutionen von 1905 und des Februar 1917 teuer erkämpft worden.

Auf dem VII. Parteitag der Bolschewiki im März 1918 begründete Lenin seine Position: »Für die Bourgeoisie wichtig war die allgemeine Proklamierung großspuriger Grundsätze: ›Alle Bürger haben das Recht, sich zu versammeln, aber nur unter freiem Himmel, denn Räumlichkeiten werden wir euch nicht geben.‹ Wir dagegen sagen: ›Weniger Phrasen und mehr Taten.‹ Man muss die Paläste in Beschlag nehmen, und zwar nicht nur den Taurischen Palast, sondern auch viele andere – über das Versammlungsrecht aber bewahren wir Stillschweigen. Und das muss auch für alle übrigen Punkte des demokratischen Programms gelten.« (Lenin 1960a: 122)

In den Augen Blochs waren die Folgen, die im Großen Terror der späten 1930er Jahre in der Sowjetunion kulminierten, dramatisch. Er schrieb: »Als letzte Quintessenz des klassischen Naturrechts, ohne das andere Beiwerk, bleibt allemal das Postulat menschlicher Würde; auch der Mensch, nicht nur seine Klasse hat, wie Brecht sagt, nicht gern den Stiefel im Gesicht. [...] Daher als eigenes Erbe am revolutionär gewesenen Naturrecht: Aufhebung aller Verhältnisse, in denen der Mensch mit den Dingen zur Ware entfremdet ist und nicht nur zur Ware, sondern zur Nullität an Eigenwert.« (Bloch 2007: 232)

Bloch zog die Konsequenzen aus der Tatsache, dass eine Revolution im Namen des Sozialismus die Menschenrechte als gegenüber dem Staat *einklagbare* Rechte der Selbstverständigung und Selbstorganisation als Bürgerinnen und Bürgern ausgelöscht hatte. Er stellte dem das sozialistische Programm der Verbindung von »einem Prius menschlicher Versorgung, einem Primat menschlicher Würde« (Bloch 2007: 237) entgegen und betonte, »dass weder menschliche Würde ohne ökonomische Befreiung möglich ist noch diese [...] ohne die Sache Menschenrechte. Beides geschieht nicht automatisch im selben Akt, sondern ist wechselseitig aufeinander angewiesen, bei ökonomischem Prius, humanistischen Primat. Keine wirkliche Installierung der Menschenrechte ohne Ende der Ausbeutung, kein wirkliches Ende der Ausbeutung ohne Installierung der Menschenrechte.« (Bloch 2007: 13)

Die besondere Leistung des liberalen Naturrechts sah Bloch darin, dass die Rechte der Einzelnen nicht mehr von staatlichen Erfordernissen und den Ansprüchen der Gemeinschaft an die Einzelnen *abgeleitet* werden, sondern vorausgesetzt sind. In der Konsequenz werden »die Grundrechte als primär, die objektive Rechtsordnung dagegen als sekundär dargestellt und letzterer die Beweislast für sich selbst aufgebürdet.« (Bloch 2007: 228) An dieser Errungenschaft ist nach Bloch auch dann nicht zu rütteln, wenn historisch der »freie Mann [...] nicht billiger als um den Preis des geschäftstüchtigen zu haben« (Bloch 2007: 68) war.

Ausgehend von den Frontstellungen des 20. Jahrhunderts nahm Ernst Bloch eine doppelte Abgrenzung vor – die traditionelle linke Abgrenzung gegen die kapitalistische Klassengesellschaft und zugleich die Abgrenzung gegen alle Versuche, den Kapitalismus durch einen Sozialismus zu überwinden, der die Einzelnen bedingungslos einer Partei unterordnet. Daraus zog Bloch die Schlussfolgerung: »Keine Demokratie ohne Sozialismus, kein Sozialismus ohne Demokratie, das ist die Formel einer Wechselwirkung, die über die Zukunft entscheidet.« (Bloch 2007: 232) Die dahinterstehende Forderung nach einer Verbindung von Liberalismus und Kommunismus im Sozialismus wurde historisch in Ost und West überhört. Dabei gehört dieser Forderung die Zukunft.

Blochs Rettung des liberalen Erbes für den Sozialismus hatte aber eine Grenze. Bloch betrachtete das liberale Erbe als einen Auftrag, für den im Maße seiner Einlösung durch eine sozialistische und weiter noch kommunistische Gesellschaft am Ende kein Bedarf mehr bestehen würde. Der Schutz der Würde jeder und jedes Einzelnen und ihre Versorgung nach ihren Bedürfnissen würden, so ganz im Sinne von Marx' »Kritik des Gothaer Programms« unmittelbar und widerspruchsfrei zusammenfallen. Es würde eine freie Gemeinschaft (die Polis) ohne Staat (die politeia) entstehen (vgl. Bloch 2007: 259).

»*Das letzte subjektive Recht* wäre so die Befugnis, *nach seinen Fähigkeiten zu produzieren, nach seinen Bedürfnissen zu konsumieren*; garantiert wird diese Befugnis durch die *letzte Norm des objektiven Rechts: Solidarität*. Darin erst, sofern sie sozialistisch gelungen wäre, hätte die liberal nötige Prävalenz der subjektiven Rechte [...] vor den objektiven Rechten [...] ein gutes Ende. Der tiefgehende Dualismus in der Rechtssphäre verschwände in einer Gesellschaft, die nicht nur eine nicht-antagonistische in ihren Interessen wäre, sondern ebenso die Staatsmächte nicht mehr nötig hätte, so wenig wie die Individuum-Reservate, die nötigen, gegen den Staat, gar als Polizeistaat.« (Bloch 2007: 252f.)

DDR und BRD im rückblickenden Systemvergleich

Man muss sich nicht an Thomas Mann, Albert Einstein oder Ernst Bloch wenden, wenn man wissen will, was eine gute Gesellschaft ausmacht. In den letzten Jahren der DDR hatte das Leipziger Jugendforschungsinstitut eine Längsschnittstudie begonnen. Bei einer solchen Studie werden ein und dieselben Personen über mehrere oder viele Jahre in regelmäßigen Abständen immer wieder befragt. Die Intervallstudie konnte nach »Abwicklung« dieses Instituts nur unter großen Mühen fortgesetzt werden. Das Hauptverdienst dafür hat Peter Förster. Seit jetzt über 35 Jahren werden ein und dieselben Personen (am Beginn noch 15 oder 16 Jahre alt, jetzt 50) zu ihrem Blick auf die Gegenwart sowie auf Zukunft und Vergangenheit befragt. Verblüffen sollte Folgendes: Erstens verschiebt sich die Erwartung einer völligen Angleichung der Lebensverhältnisse von Ost und West immer weiter in die Zukunft. 1990 konnte sich kaum jemand vorstellen, dass dies länger als zehn Jahre dauert, jetzt wird 2040 genannt (vgl. Berth et al. 2015a: 39; Förster/Roski 1990: 67). Zweitens betont zwar die sehr große

Mehrheit heute ganz anders als vor einem Vierteljahrhundert die Gemeinsamkeiten von Ost und West. Trotzdem sehen sich die Befragten sehr selbstbewusst zugleich als frühere Bürgerinnen und Bürger der DDR und der Bundesrepublik. Dies macht für sie keinen Widerspruch aus. Auch an dieser Einstellung hat sich über Jahrzehnte nichts geändert. Sie nimmt auch nicht ab, sondern im Gegenteil zu: Anfang der 1990er-Jahre lag sie bei rund 80, zwanzig Jahre später bei rund 90% (vgl. Berth et al. 2015a: 36). Wie Peter Förster schreibt: »Das Zugehörigkeitsgefühl zu der [...] DDR wurde [...] nicht als überflüssiger Ballast abgeworfen. Ausdrücklich betont sei, dass es sich dabei nicht um politische Bindungen an die untergegangene DDR handelt. So bestehen keine signifikanten Korrelationen zwischen der Identifikation mit der DDR im Jahre 2005 einerseits und der Identifikation mit ihr im Frühling 1989 [...] bzw. mit der damaligen Systembindung andererseits.« (Förster 2006: 41; siehe auch Berth et al. 2010: 161) Obwohl eine qualifizierte Minderheit von rund 40% die DDR als »Unrechtsstaat« ansieht, geben zugleich über 90% an, gerne in der DDR gelebt zu haben (vgl. Förster 2009: 2).

Interviews mit den Befragten geben einige Einblicke, warum keine Verdrängung der DDR-Identität erfolgt. So heißt es u.a.: »Mein Leben war als Kind in der DDR behütet und schön.« »Ich würde meine Kindheit genauso wieder haben wollen.« (Berth et al. 2015b: 76, 131) Dies könnte man als Nostalgie abtun, wären diese Einschätzungen nicht mit einem sehr differenzierten Bild auf die DDR verbunden. Einerseits zieht sich die Kritik an der Einschränkung der politischen wie der persönlichen Freiheit (hier vor allem die mangelnde Reisefreiheit) durch alle Berichte hindurch. Viele teilen die folgende Einschätzung: »Unbestritten ... führe ich heute ein freieres und selbstbestimmteres Leben.« Charakteristisch ist der folgende Blick auf die DDR: »Durch Kollektivierung waren Kreativität und Einfallsreichtum stark behindert, Individualismus war nicht gefragt, fehlende Demokratie, politische Zwänge, eingeschränkter Konsum.« Typisch auch: »Sich nicht frei entfalten zu können. Das Gefühl, eingeengt zu sein, Keine Redefreiheit.« (Berth et al. 2015b: 74, 76, 112) Andererseits aber gibt es einen ausgeprägt positiven Bezug auf »Systemeigenschaften« der DDR, die deren eigenem politischen Selbstverständnis entsprachen. Die Teilnehmerinnen und Teilnehmer der Längsschnittstudie heben den sozialen und menschlichen Zusammenhalt hervor. Sie äußern sich auf die Frage »Was hat mir an der DDR gefallen?« u.a. so: » – Tolle Kindheit mit vielen Freizeitangeboten; – soziale Sicherheit und medizinische Versorgung; – gutes Bildungssystem (10 Jahre gemeinsame Schule); – Betreuungsangebote für Kinder (Ganztagseinrichtungen); – keine Angst vor Arbeitslosigkeit.« (Berth et al. 2015b: 68)

Befragt danach, was ihnen an der heutigen Gesellschaft gefällt oder nicht gefällt, ergibt sich wiederum ein weitgehend gemeinsames Bild: »*Was gefällt mir heute am besten?* frei zu sein in seiner Entscheidung. Das ist im Alltag nicht einfach, aber selbstbestimmt. *Was gefällt mir heute nicht?* hoher Aufwand (zeitlich, beruflich) zur sozialen Sicherung der (vermeintlichen) Grundbedürfnisse. Es ist schwierig, sich aus diesem Kreislauf zu entfernen.« (Berth et al. 2015b: 134) Oder allgemeiner: Es gefällt »die persönliche, individuelle Gestaltungsfreiheit für das Leben, politische Meinungsfreiheit, Reisefreiheit.« Kritisch werden gesehen: »Soziale Schichtung der Gesellschaft, zunehmende Altersarmut, die uneingeschränkte Orientierung am wirtschaftlichen Wachstum, die damit verbundene Ungerechtigkeit (klima- und umweltbezogen) anderen Teilen der Weltbevölkerung gegenüber.« (Berth et al. 2015b: 138)

Bei den Teilnehmerinnen und Teilnehmern bilden DDR und Bundesrepublik eine Kontrastfolie: Wo die eine Gesellschaft strahlt, ist die andere finster – und wo diese hell ist, ist jene dunkel. Die Kontroversen des Kalten Kriegs um das Verhältnis von sozialen und politischen Menschenrechten zeigen so rückblickend ihren lebensweltlichen Gehalt. Aber mehr noch: Die Befragten nehmen die Erfahrungen zweier Systeme auf ihrem Lebensweg mit. Die Bilder, mit denen sie ihren heutigen Alltag sehen, speisen sich aus diesen Zusammenhängen. Über nun fast drei Jahrzehnte ergibt sich immer das gleiche Bild: Der zentrale Deutungsrahmen ist die Konfliktlinie Freiheit vs. Gleichheit und Solidarität (siehe Abb. 1). Diese Daten aus der Mitte der 2000er-Jahre sind weitgehend stabil – zumindest was die polarisierte

Abb 1: Systemvergleich (nach Förster 2006)

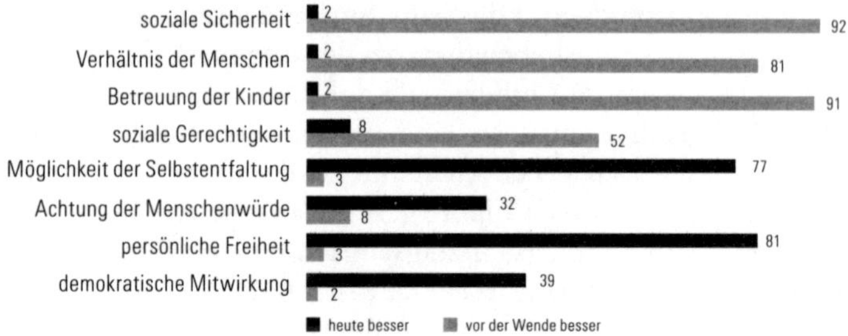

Spiegelbildlichkeit von Freiheit vs. Gleichheit und Solidarität in der Bundesrepublik bzw. DDR betrifft (vgl. Friedrich/Förster 1996: 42; vgl. Förster 2002: 244, 2006, 2007: 68–74).

Diese Sichten auf die DDR und die Bundesrepublik sagen viel darüber aus, was für die Befragten eine »gute Gesellschaft« ist. Als gut wird eine Gesellschaft angesehen, die Freiheit, Gleichheit und Solidarität vereint sowie wirksame demokratische Gestaltungsmöglichkeiten bietet. Ausgehend davon wird die Bundesrepublik in dreifacher Hinsicht kritisch betrachtet: Erstens betrifft dies Gerechtigkeit und soziale Sicherheit, Planbarkeit des Lebens und vertrauensvolle zwischenmenschliche Beziehungen sowie Solidarität. Anhaltend kritisch wird von vielen Befragten deshalb auch der Vereinigungsprozess gesehen. Von Anfang an gab es die Forderung, dass die genannten Errungenschaften der DDR (und dies ohne Anführungsstriche) nicht geopfert werden dürften (vgl. Förster/Roski 1990: 174–178).

Zweitens wird die Bundesrepublik kritisch gesehen, wenn es um die reale politische Wirkung der Freiheitsrechte geht. So sehr anerkannt wird, wieviel auf persönlicher Ebene gewonnen wurde, so wenig scheint den Teilnehmerinnen und Teilnehmern dieser Studie auf gesellschaftlicher Ebene gewonnen worden zu sein. Von der Moral der Politikerinnen und Politiker halten sie heute kaum mehr als im Rückblick von der Moral der Funktionäre der DDR. Auch heute fühlen sich die Befragten nicht oder kaum gehört (vgl. Förster 2007: 75f., 95). Die reale Demokratie enttäuscht viele genauso wie damals der reale Sozialismus.

Drittens zweifeln die Befragten zunehmend an der Zukunftsfähigkeit des wirtschaftlich-politischen Systems der Bundesrepublik. Es wiederholt sich etwas, was schon vor über dreißig Jahren zu beobachten war. In den 1980er-Jahren und spätestens ab 1987 stürzte der Glaube in die Zukunftsfähigkeit des Sozialismus ab. Waren Mitte der 1970er Jahre noch knapp zwei Drittel der Jugendlichen in der DDR von der weltweiten Durchsetzung des Sozialismus überzeugt, so zehn Jahre später nur noch die Hälfte und im Frühjahr 1989 lediglich ein Zehntel (vgl. Förster/Roski 1990: 41f.). Die Identifikation von Jugendlichen mit der DDR hatte nach dem Machtwechsel von Walter Ulbricht zu Erich Honecker ihren Höhepunkt, ging in den frühen 1980er-Jahren spürbar zurück und brach schließlich ab 1987 völlig ein (vgl. Förster 1999: 86). Trotzdem sahen auch Anfang 1989 90% der befragten Jugendlichen optimistisch in die persönliche Zukunft (vgl. Förster/Roski 1990: 178). Auch heute ist die Einschätzung der eigenen Lebensperspektiven weitgehend positiv. Zugleich aber wachsen die Zweifel, ob das westliche Gesellschaftssystem eine Zukunft hat. Schon Mitte der 2000er-Jahre waren nur noch zwei (!) % der befragten Teilnehmerinnen und Teilnehmer der Sächsischen Längsschnittstudie davon überzeugt, dass »das jetzige Gesellschaftssystem [...] die dringenden Menschheitsprobleme lösen« wird. (Förster 2006: 32)

Während viele Vorstellungen, die im Staatsbürgerkundeunterricht der DDR vermittelt wurden, im Orkus der Geschichte verschwunden sind, ist die marxistische Kapitalismuskritik präsent. Sie wird immer wieder aktiviert, wenn es darum geht, die heutigen Verhältnisse zu beurteilen. So wird die Auffassung, dass die Bundesrepublik weitgehend von großen Banken und Konzernen kontrolliert wird, mehrheitlich geteilt (vgl. Förster 2002: 248). Wie Peter Förster nachweist, werden solche Positionen vor allem von jenen vertreten, die einerseits früher eine besonders enge Bindung an das System der DDR hatten *und* nach 1990 von Arbeitslosigkeit betroffen waren. Er schreibt: »Frühere Systembindungen [...] wirken offensichtlich nicht zwangsläufig, automatisch nach, sondern vor allem oder nur dann [...], wenn Erfahrungen vorliegen, welche die damals verinnerlichten Ansichten und Orientierungen nachträglich als richtig erscheinen lassen.« (Förster 2002: 259) Arbeitslosigkeit erweist sich als eine entscheidende kritische Variable (vgl. Zenger et al. 2012), die tief in das Leben eingreift und die Vorstellungen über die heutige Gesellschaft prägt.

Die genannte Längsschnittstudie zeigt, dass es eine ständig abrufbare Kapitalismuskritik gibt, aber kein überzeugendes Alternativmodell. Die Vorstellung von einem »reformierten, humanistischen Sozialismus« verlor in den letzten Jahren an Ausstrahlung (vgl. Berth et al. 2012: 98). Dies erzeugt eine wachsende Spannung zwischen der Überzeugung, das heutige Gesellschaftssystem habe langfristig keine Zukunft, und dem Fehlen einer ernst genommenen Alternative. Eine solche Diskrepanz ist charakteristisch für eine anomische Situation, in der zwischen den Normen und der Lebenswirklichkeit eine Kluft besteht (siehe Merton 2002). Unter diesen Bedingungen kann der Kapitalismus nicht als wirklich gute Gesellschaft gelebt werden, aber auch nicht als schlechte Gesellschaft sterben.

Daniela Dahn hat darauf aufmerksam gemacht, welches Maß an Zukunft in der DDR steckte, das in anderem Gewand in den heutigen Diskussionen wieder auftaucht und das viele Menschen in den östlichen Bundesländern genauso wenig vergessen haben wie die politische Diktatur, den ökonomischen Niedergang und die ökologischen Schäden:

»Nicht nur die Sozialdemokraten wollen bis heute nicht zur Kenntnis nehmen, dass die traditionellen antikapitalistischen SPD-Forderungen, die den Geist von Godesberg überlebt hatten, wenn überhaupt, dann nur in der DDR umgesetzt wurden. Um dafür Beispiele zu finden, muss man sich nur die wörtlichen SPD-Programmziele aus den 90er-Jahren anschauen, deren praktische Umsetzung in der DDR deutlich weiter gediehen waren: Abbau der Klassenvorrechte, mehr Gleichheit in der Verteilung von Einkommen und Vermögen, Beteiligung aller am Produktivvermögen, Verhinderung von Bodenspekulation, Vorrang von Nutzungsrechten (Erbbau, Miete, Pacht) bei der Grundstücksverfügung, Vergesellschaftung als demokratisches Element und Förderung des Genossenschaftsgedankens, Zurückdrängung des Einflusses von Banken und Versicherungen auf Grundentscheidungen der Wirtschaft, Vollbeschäftigung und soziale Sicherheit, Gleichberechtigung von Mann und Frau, Kindergärten und Ganztagsschulen, elternunabhängige Bildungschancen, Zugang zu Sport und Kultur für alle.

Und den Grünen ist erst recht nicht aufgefallen, dass einige ihrer Forderungen nur auf der anderen Seite umgesetzt wurden. Wörtliche Programmziele der Grünen aus den 90er-Jahren, deren Verwirklichung in der DDR weiter gediehen war: eine grundsätzliche Neuorientierung beim Umgang mit Grund und Boden (Verfügung gesellschaftlich steuern), tiefe Eingriffe ins Mietrecht, Mietpreisbindung, Abschaffung des Berufsbeamtentums, Trennung von Kirche und Staat, keine Gewaltdarstellung in Medien, Vorrang der Schiene vor der Straße, auf Straßen Höchsttempo 100, weg vom Autozwang durch preiswerten öffentlichen Nah- und Fernverkehr, eine Studienfinanzierung, die Studenten nicht zwingt, nebenbei erwerbstätig zu sein, Streichung des § 218, kostenlose Pille. Auch ein zentrales Versprechen der EU-Kommission zu ihrem Grünen Deal war in der DDR aus Gründen der Sparsamkeit selbstverständlich: das Recht auf Reparatur. Wiederverwendbare, langlebige und reparierbare Produkte sollen nun gefördert werden, da sie an sich nicht marktgerecht sind.« (Dahn 2021)

Ganz am Abschluss des dritten Bandes von Fernand Braudels Jahrhundertwerk »Sozialgeschichte des 15.–18. Jahrhunderts« findet sich folgender Gedanke zu den »Überlebenschancen des Kapitalismus«: »Der Kapitalismus [...] kann nicht durch einen ›endogenen‹ Verfall zugrunde gehen; nur ein äußerer Stoß von extremer Heftigkeit im Verein mit einer glaubwürdigen Alternative könnte seinen Zusammenbruch bewirken. Das gigantische Gewicht einer Gesellschaft und der Widerstand einer wachsamen herrschenden Minderheit, die weltweit Verbündete besitzt, lassen sich nicht mit ideologischen Parolen und Programmen oder mit kurzlebigen Wahlerfolgen überrunden. Allen Siegen des Sozialismus rund um die Erde gingen Zusammenstöße und beispiellose Gewalttätigkeiten voraus – ob wir nun die russische Revolution von 1917, die osteuropäischen Regime von 1945, den Erfolg der chinesischen Revolution 1947, den Triumph der kubanischen

Guerilla 1959 oder die Befreiung Vietnams 1976 nehmen. Und außerdem konnten sich all diese Bewegungen auf ein ungebrochenes Vertrauen in die sozialistische Zukunft stützen, das uns heute weitgehend abhanden gekommen ist.« (Braudel 1990: 702)

Liberalismus oder Kommunismus – ein falscher Gegensatz

Eine der Ursachen dafür, dass es kein Vertrauen in eine sozialistische Alternative gibt, ist die Scheu Vieler, die nach Alternativen suchen, liberale und kommunistische Gestaltungsansätze zu verbinden. Auf der einen Seite meiden viele Linke reformorientiert alles Kommunistische wie der Teufel das Weihwasser. Planung, Vergesellschaftung, imperative Vorgaben oder Verbote werden in die Nähe zu Stalinismus und Autoritarismus gebracht und erscheinen damit hoffnungslos diskreditiert. Sie gelten per se als antiemanzipatorisch und werden in einem absoluten Gegensatz zur Freiheit gesehen. Gemeineigentum wird oft nur in seiner genossenschaftlichen Form toleriert. Zumindest nachdenklich sollte aber doch machen, dass es eben diese stalinistische Sowjetunion war, die die entscheidende militärische Kraft war, die Hitlerdeutschland besiegte, zeitweise zum Vorbild für ein Drittel der Menschheit wurde und den Westen nachhaltig zu sozialen Reformen zwang. Selbst in dieser Deformation steckte also noch viel Macht und Ausstrahlung.

Auf der anderen Seite sieht ein anderer Flügel der Linken, eher radikal orientiert, in Markt und Privateigentum nichts Anderes als die Keimzelle des Kapitalismus. Sie seien Viren, die man erbarmungslos ausrotten müsse, weil sie sonst die ganze Menschheit in Zombies der kapitalistischen Verwertungswirtschaft verwandeln. Slavoj Žižek hat zwar Recht, dass die heutige Situation nach Kommunismus verlangt (vgl. Žižek 2021: 9), aber diese neue Hinwendung zum Kommunismus wird nur lebensfähig sein, wenn sie sich auch auf neue Weise dem Liberalismus zuwendet. Der »Kern« der Linken ist aber nicht der Kommunismus an sich, wie Žižek behauptet (vgl. Žižek 2021: 14), sondern eine solidarisch-emanzipatorische Verbindung von Kommunismus und Liberalismus. Die Ausstrahlung liberaler Ordnungen und ihre Fähigkeit, sich gegen die Sowjetunion durchzusetzen

– nicht zuletzt ethisch –, aber auch ihre andauernde Wirkungsmacht bleiben unverstanden, wenn man die falsche Alternative aufmacht, man müsse sich entweder für Liberalismus oder für Kommunismus entscheiden. Beide, Liberalismus wie Kommunismus, haben einen humanistischen Pfahl in ihrem Fleisch, beide verabsolutieren auf gegensätzliche Weise Erfordernisse komplexer moderner Gesellschaften. Todfeinde sind sie nur in der Ausgrenzung des jeweils anderen.

Man könnte den Gedanken der widersprüchlichen Einheit von Liberalismus und Kommunismus auch mit den Worten des einflussreichsten britischen Liberalen der Mitte des 19. Jahrhunderts, John Stuart Mill, so ausdrücken: »Wenn nicht Ideen gleich günstig für Demokratie wie Aristokratie, persönliches wie gemeinsames Eigentum, Genossenschaften wie Wettbewerb, Luxus wie Abstinenz, Sozialismus wie Individualismus, Freiheit wie Disziplin, und für alle andren bestehenden Gegenwirkungen des täglichen Lebens mit gleicher Freimütigkeit zu Wort kommen und mit gleichem Talent und gleicher Energie angegriffen und verteidigt werden, dann ist keine Möglichkeit vorhanden, dass beiden Elementen ihr Recht wird, die eine Schale muss dann steigen, die andere sinken. Die Wahrheit ist in den großen praktischen Angelegenheiten des Lebens so sehr eine Frage der Versöhnung und Vereinigung von Gegensätzen, dass nur wenige ein genügend fähiges und unparteiisches Urteil besitzen, um die Schlichtung der Gegensätze korrekt genug auszuführen; noch dazu muss sie während der Dauer eines rauen Kampfes zwischen Kämpfern unter feindlichen Flaggen ausgeführt werden.« (Mill 1974: 66)

Solange in der unbegriffenen Antinomie von Liberalismus vs. Kommunismus verharrt, solange in diesem Entweder-Oder verblieben wird, gibt es, so meine feste Überzeugung, keinen solidarischen Ausweg aus der aktuellen Zivilisationskrise. Solange man nicht die Stärken des Liberalen wie des Kommunistischen *zusammen* einsetzt für die Lösung der Menschheitsfragen, solange auf das Eine oder auf das Andere verzichtet wird, gibt es keine Chance. Wenn der Mut fehlt, beides zugleich zu tun, werden beide, der Liberalismus wie der Kommunismus, gemeinsam untergehen. Bei seinem einzigen Staatsbesuch in der Bundesrepublik, es war September 1987, sprach Erich Honecker davon, »dass Sozialismus und Kapitalismus sich ebensowenig vereinigen lassen wie Feuer und Wasser.« (Honecker 1987) Wenn man sich jedoch nicht damit begnügt, das Feuer mit Wasser zu ersticken oder das Wasser sinnlos zu verkochen, können Feuer und Wasser aber sehr wohl vereinigt werden. Die Dampfmaschine, der Motor der ersten industriellen Revolution, war genau eine jener intelligenten Formen der Vereinigung von Feuer und Wasser, aus denen Entwicklung entstehen kann. Auch in jeder Pflanze verwandelt Photosynthese das Licht der Sonne und das Wasser der Erde in neues Leben. Sinnvoll ins Verhältnis zueinander gebracht (»vermittelt«, um Hegels Sprache zu benutzen), sind Gegensätze die treibende Kraft jeder Entwicklung. Dies trifft zwar nicht unbedingt auf Kapitalismus und Sozialismus zu, aber auf jeden Fall auf Liberalismus und Kommunismus.

Immer noch gibt es Auffassungen, die suggerieren, dass es in einer sozialistischen Gesellschaft einfach nur des guten Willens bedarf, um alle Gegensätze verschwinden zu lassen, so dass es keiner liberalen Vermittlungsformen bedürfe. Der Staat sei überflüssig, auch die Abgrenzung der Staaten voneinander sei völlig unsinnig. So schreibt Chris Williams: »Es sollte klar sein, dass es nach der Abschaffung der völlig künstlichen Linien auf Landkarten, die wir Grenzen nennen, keine Nationalstaaten mehr geben wird. Dies wird notwendig sein, damit die regionale Planung der Ressourcennutzung nicht zu internationalen Konflikten führt, wie sie für kapitalistische Nationen charakteristisch sind. Es können rationale Pläne für die Nutzung von Wasserressourcen erstellt werden, die sich bisher über mehrere Länder erstreckten und zu Reibereien zwischen Staaten führten, die gemeinsame Wasserquellen in Asien, Afrika und dem Nahen Osten nutzen. Wie können die Menschen in der Region einen rationalen Plan für die Erhaltung und Nutzung von Wasser entwickeln, der eine angemessene und nachhaltige Versorgung für alle gewährleistet und die lokalen Ökosysteme nicht beeinträchtigt, anstatt dass sich mehrere Länder um die Kontrolle über das lebensspendende Wasser des Nils streiten? Es wird eine echte Globalisierung geben – eine weltweite Integration natürlicher und menschlicher

Ressourcen im Interesse aller – menschlicher und nicht-menschlicher – Lebewesen.« (Williams 2010: 225)

Solche Positionen unterstellen, dass die Interessen der Einzelnen, von Regionen und der Menschheit als Ganzer unmittelbar zusammenfallen könnten, so dass es kein Mein und Dein, kein Recht, keinen Markt, keinen Staat und kein staatliches Gewaltmonopol mehr geben müsse. Williams muss sich deshalb in seinem Buch unter dem anspruchsvollen Titel »Ecology and Socialism« gar keine Gedanken über die Vermittlung der Gegensätze machen, da diese in einer Gesellschaft der Zukunft schlicht als nichtexistent angesehen werden. Eine solche Idee von Sozialismus ist immer noch weit verbreitet. Sie macht reales Handeln überflüssig, da man einer uneinlösbaren Utopie nachjagt. Thomas Mann, Albert Einstein und Ernst Bloch wussten es besser. Besser wissen es auch jene, die Dank der Gnade östlicher Geburt in Deutschland zwei Systeme erlebt haben: Eine gute Gesellschaft darf weder auf das Liberale noch auf das Kommunistische verzichten.

Es wird Zeit, dass Sozialismus als das wirklich Mögliche begriffen wird. Er ist kein Reich der Widerspruchsfreiheit, sondern der Versuch, jene ökonomischen, politischen und kulturellen Strukturen und jenes Verhältnis zur außermenschlichen Natur wie zur eigenen Natur zu finden, in dem die Widersprüche moderner komplexer Gesellschaften endlich nicht mehr durch Ausbeutung, Unterwerfung, Zerstörung und Manipulation antagonistisch, sondern solidarisch ausgetragen werden können. Paul Levi hat eine solche Vision von Sozialismus 1922 mit Rosa Luxemburg identifiziert, als er über sie schrieb: »Ihr war das All ein lebendiger Prozess des Werdens, in dem nicht Hebelkraft und Sauerstoffbehälter das Walten der Natur ersetzen können, in dem das Kämpfen, Ringen, Streben der Menschen, in dem der große Kampf, der dem einzelnen, der den Geschlechtern, der den Ständen, der den Klassen obliegt, die Form des Werdens ist. In der sie darum nicht wollte, dass keiner kämpfe, weil alles von selber werde; in der sie den lebendigsten Kampf wollte, weil er die lebendigste Form des Werdens ist.« (Levi 1969: 130)

Kapitel 2
Wer nicht über die Stärken des Kapitalismus redet, sollte von Sozialismus schweigen

Der hilflose Antikapitalismus

Es war eine historische Wachablösung in der Nacht vom 31. Dezember 1991 zum 1. Januar 1992 im Kreml. Die Rote Fahne der Revolution mit Hammer und Sichel vom Oktober 1917 wich der Fahne des bürgerlichen Russlands aus dem Februar 1917. Die Union der Sozialistischen Sowjetrepublik hatte seinen Auftritt gehabt und war im Orkus der Weltgeschichte wieder verschwunden. Und zugleich stieg der Kapitalismus, den so viele schon totgesagt hatten, am Ende des 20. Jahrhunderts wieder auf – lebendiger, globaler, erfolgreicher, attraktiver, offensiver denn je. Der Neoliberalismus wurde zur herrschenden Ideologie. Das Gespenst des Kommunismus (vgl. Schöler 1999) wurde durch die Wirklichkeit einer globalen Entwicklungsweise gebannt, die Marx und Engels 1848 mit den Worten charakterisiert hatten: »Die Bourgeoisie reißt durch die rasche Verbesserung aller Produktionsinstrumente, durch die unendlich erleichterte Kommunikation alle, auch die barbarischsten Nationen in die Zivilisation... Sie zwingt alle Nationen, die Produktionsweise der Bourgeoisie sich anzueignen, wenn sie nicht zugrunde gehen wollen... Mit einem Wort, sie schafft sich eine Welt nach ihrem eigenen Bilde.« (Marx/Engels 1848: 466) Es waren die führenden Vertreter der sowjetischen Nomenklatura, die den Prozess der Aneignung der Produktionsweise der Bourgeoisie in den Nachfolgestaaten der Sowjetunion einleiteten. Dazu zerstörten sie die Kommunistische Partei der Sowjetunion, die das Rückgrat des Staates gebildet hatte.

Während des Bürgerkrieges, als es darum ging, die elementarsten Ressourcen an Getreide und Stahl zu mobilisieren, um die Rote Armee auszurüsten, schrieb Lenin: »Die Arbeitsproduktivität ist in letzter Instanz das allerwichtigste, das ausschlaggebende für den Sieg der neuen Gesellschaftsordnung. Der Kapitalismus hat eine Arbeitsproduktivität geschaffen, wie sie unter dem Feudalismus unbekannt war. Der Kapitalismus kann endgültig besiegt werden und wird dadurch endgültig besiegt werden, dass der Sozialismus eine neue, weit höhere Arbeitsproduktivität schafft.« (Lenin 1970: 416) Daran ist vielleicht nicht jeder Sozialismus, auf jeden Fall aber der sowjetische Staatsparteisozialismus gescheitert. Seine Entwicklungsweise war der des westlichen Kapitalismus in zu vielen Hinsichten unterlegen.

Die 30 Jahre später neu begonnene Sozialismusdiskussion resultiert einerseits aus der Hegemoniekrise des neoliberalen Kapitalismus, der Krise des Finanzmarkt-Kapitalismus und den Folgen eines neuen Imperialismus und seiner Kriege, der ökologischen Krise und der jüngsten pandemischen Krise der Weltgesellschaft. Wir sind an einem Punkt angekommen, an dem viele erkennen, dass »die akuten Probleme, die sie wahrnehmen, nicht trotz, sondern gerade *wegen* der etablierten Ordnung entstehen und nicht von ihr gelöst werden können«, wie Nancy Fraser schreibt. Sie fährt fort: »Erst dann, wenn eine kritische Masse zu dem Schluss kommt, dass diese Ordnung durch kollektives Handeln transformiert werden *kann* und *muss*, gewinnt eine objektive Blockade eine subjektive Stimme. Dann und nur dann können wir von einer Krise in dem umfassenderen Sinne eines *bedeutsamen historischen Scheideweges, der eine Entscheidung verlangt,* sprechen.« (Fraser 2019: 96f.)

Solche historischen Entscheidungen verlangen, dass relevante Akteure nicht nur den bisherigen Zustand überwinden *wollen*, sondern auch, dass sie konkrete Auswege sehen. An dieser Stelle offenbart die aktuelle Sozialismusdiskussion ihre fundamentale Schwäche. Ihre Stärke erwächst *noch* vor allem aus der Kritik der katastrophischen Tendenzen des gegenwärtigen Kapitalismus und *bisher* viel weniger aus der Überzeugung, eine überlegene sozialistische Alternative zu vertreten. Diese Überzeugung eigener Überlegenheit ist gründlich erschüttert worden. Nach den ungeheuren Verbrechen im Namen des Sozialismus verbietet sich jede, aber auch jede Apologie eines Sozialismus, der das Tor zur Barbarei des stalinistischen Terrors aufstieß. Zugleich kann man auch nicht einfach diesen Sozialismus aus der Geschichte des Sozialismus exkommunizieren, so mit Recht Uwe-Jens Heuer (Heuer 2004: 178).

Angesichts des schleichenden Untergangs der Sowjetunion an Ineffizienz und Stagnation gibt es keinen Grund für die naive Annahme, jede nichtkapitalistische Gesellschaft müsse mindestens genauso entwicklungsfähig sein wie eine durch den liberalen Kapitalismus geprägte Ordnung. Und mit Blick auf die vielen alternativen sozialistischen Experimente im 20. Jahrhundert sollte das Scheitern nicht nur dem »sowjetischen Modell« angelastet werden. Wissend um die immer neuen und am Ende gescheiterten Versuche haben sich die Hoffnungen von Marx und Engels, kommende Generationen würden ganz selbstverständlich Lösungen für jene Probleme finden, die mit dem Aufbau des Sozialismus verbunden seien, nicht bestätigt.

Immer wieder beschwört die Linke in aller Welt, dass der Kapitalismus nicht das letzte Wort der Geschichte sein könne – es sei denn als Ende menschlicher Geschichte. Woher nimmt sie diese Gewissheit? Und wieso sollte der Sozialismus das nächste Wort sein? Vom Sozialismus ist in vielen dieser Beteuerungen fast nichts geblieben als der *»kategorische… Imperativ, alle Verhältnisse umzuwerfen*, in denen der Mensch ein erniedrigtes, ein geknechtetes, ein verlassenes, ein verächtliches Wesen ist.« (Marx 1844: 385) Sozialismus wäre dann aber nur noch ein ethisches Regulativ – wenn auch eines der bedeutendsten in der Menschheitsgeschichte. Von einer gestaltenden Idee, die die Massen ergreifen könnte, weil sie darin eine *konkrete* Antwort auf ihre *konkreten* Interessen sehen würden, ist die reale Sozialismusdiskussion im ersten Viertel des 21. Jahrhunderts weit entfernt. Max Weber hat Recht behalten: »Man kann ein Glaubensbekenntnis, wie es das Kommunistische Manifest und die spätere Katastrophentheorie war, wohl entthronen, aber es ist dann schwer möglich, es durch ein anderes zu ersetzen.« (Weber 1995: 105)

So wie die Diskussion zum Sozialismus vornehmlich eine politische Diskussion im Kampf um Hegemonie ist, so ist auch die Frage nach Alternativen keine bloß theoretische Frage. Wenn Sozialismus keine dauerhaft lebens- und entwicklungsfähige Alternative wäre, oder schlimmer noch, wenn er selbst neue ungekannte Barbarei fördern würde, dann wäre es gerade der oben schon zitierte kategorische Imperativ, der die Linke auf Reformen *im* Kapitalismus verpflichten würde. Der Einsatz der Linken müsste dann aus der Verantwortung gerade gegenüber den Erniedrigten, Geknechteten, Verlassenen und Verachteten nicht einer »anderen Welt«, sondern einem anderen Kapitalismus gelten (vgl. Dullien et al. 2009). Die Alternative wäre dann nicht »Sozialismus oder Barbarei«, sondern »sozial und ökologisch regulierter Kapitalismus oder Barbarei!« Nicht revolutionäre Realpolitik im Sinne von Rosa Luxemburg, sondern allein Reform des Kapitalismus im Kapitalismus stehe auf der Tagesordnung.

James Fulcher formuliert diesen Gedanken so: »Die Suche nach einer Alternative *zum* Kapitalismus ist in einer Welt, in der der Kapitalismus vollkommen dominant geworden und keine endgültige Krise in Sicht, oder, abgesehen von irgendeiner Umweltkatastrophe, auch nur wirklich vorstellbar ist, verlorene Mühe. Die sozialistische Alternative hat ihre Glaubwürdigkeit eingebüßt; die heutigen antikapitalistischen Bewegungen scheinen nirgendwohin zu führen, weil sie keine glaubwürdige und konstruktive Alternative bieten, die mit bestehenden Mustern der Produktion und Konsumtion vermittelbar wäre. Wer die Welt reformieren will, sollte sich auf das Veränderungspotenzial *innerhalb* des Kapitalismus konzentrieren.« (Fulcher 2007: 178f.) Oder anders: »In einer Welt, in der es keine funktionsfähigen Alternativen zum Kapitalismus mehr gibt, bieten einzig die Alternativen innerhalb des Kapitalismus Wahlmöglichkeiten.« (Fulcher 2007: 121)

Allzu leicht geben Linke dem Reflex nach, diesem Argument mit der Aufzählung einer unendlichen Zahl unabweisbarer realer Probleme zu begegnen – dem Hunger, der Armut, der Verelendung, der Umweltzerstörung, dem Ressourcenverschleiß, der Klimakatastrophe, den alten und neuen Kriegen und der Welle von Hochrüstung, Fundamentalismen in der westlichen und nichtwestlichen Welt usw. Strittig ist aber überhaupt nicht die Existenz dieser Fakten und Tendenzen, strittig ist ihre Erklärung und strittig sind die Strategien, wie ihnen begegnet werden sollte.

Wer über Sozialismus spricht, spricht über eine Alternative zum Kapitalismus. Fakt ist jedoch, dass der Kapitalismus erstens bisher noch jede seiner Krisen überstanden, jeden seiner Widersacher bekehrt oder niedergerungen, jede einzelne Alternative integriert oder verdrängt hat. Aus den kleinen Inseln oberitalienischer Stadtstaaten im Ozean der vorkapitalistischen Moderne (vgl. Braudel 1991) ist die globale Welt des heutigen Kapitalismus entstanden – durch Kreditbrief und Schwert, Recht und Gewalt, Befreiung und Unterdrückung. Für viele ist der Aufstieg Chinas oder Vietnams in den letzten 40 Jahren nur eine weitere Bestätigung dieser welthistorischen Tendenz. Wie ist der Aufstieg des Kapitalismus zu erklären, worin besteht seine Entwicklungskraft, die zugleich die Kraft ständiger Zerstörung und Neuschaffung nach eigenen Gesetzen ist?

Zweitens: Alle theoretischen Versuche der Marxisten, eine immanente Grenze des Kapitalismus aufzuzeigen – Gesetz der kapitalistischen Akkumulation, Fall der Profitrate, Übergang von der Industrie- zur Wissensgesellschaft bzw. das vorausgesagte Ende der Arbeitsgesellschaft oder die Umstellung auf nichtfossile Energie – sind bisher gescheitert. Rosa Luxemburgs These, dass im Augenblick der Vollendung des kapitalistischen Weltmarkts der Mehrwert nicht mehr realisierbar sein würde und der Kapitalismus deshalb an seiner eigenen Verallgemeinerung zusammenbrechen würde, bestätigt sich nur insofern, dass der Kapitalismus nur funktionsfähig ist, wenn er in sich nichtkapitalistische Alternativen zulässt, sie sogar fördert, nutzt, ausbeutet und auch wieder zerstört.

Ein Diskurs, der die Notwendigkeit eines Sozialismus des 21. Jahrhunderts direkt aus den Funktionsproblemen des heutigen Kapitalismus ableitet, bleibt hinter den Anforderungen zurück, die an einen solchen Diskurs zu stellen sind. Der ideologischen Falle der bloßen Verklärung eigener Identitäten kann nur entgehen, wer sich den Mühen der kritischen Analyse unterzieht. Ein so ambitioniertes Projekt wie das des Sozialismus im 21. Jahrhundert stellt den Anspruch auf, praktisch über den Kapitalismus hinauszugehen – ihn *aufzuheben*. Eine nachkapitalistische Ordnung muss die Stärken des Kapitalismus in sich bewahren und zugleich seinen ausbeuterischen Charakter überwinden. Dazu müssen aber Kriterien formuliert werden und an diesen Kriterien sind dann die Alternativvorschläge ernsthaft zu prüfen. Dies verlangt Theorie- und Begriffsarbeit.

Vom griechischen Philosoph Diogenes von Sinope (* ca. 391/399 v. Chr. in Sinope; † 323 v. Chr. in Korinth) wird berichtet, dass er mit seinen Schülern ein Paradoxon des Zenon diskutierte. Dieser hatte behauptet, dass der schnellste Läufer der Welt, Achilles, nicht einmal eine Schildkröte überholen könne. Denn wenn Achilles die Schildkröte zur Hälfte eingeholt habe, sei diese schon wieder ein Stück Weg weiter. Würde er dann die Hälfte dieses neuen Weges zurücklegen, hätte die Schildkröte ihrerseits ein weiteres, wenn auch noch kleineres Stückchen zurückgelegt. Zur Illustration ging Diogenes vor seinen Schülern im Kreis. Um nachzuweisen, dass Zenon Unsinn reden würde, stand ein Schüler auf und überholte ohne jedes Problem seinen Lehrer. Dieser sah ihn an, lächelte und verpasste ihm eine kräftige Ohrfeige mit dem Kommentar: »Hier wird argumentiert, um zu begreifen, nicht gehandelt, um sich das Begreifen zu ersparen!« Mathematisch wurde das Zenonsche Paradoxon erst 2000 Jahre später durch die Infinitesimalrechnung gelöst. Dies bedeutet auch: Ein bloßes Faktum ersetzt kein Argument, sondern problematisiert dieses höchstens. Wie Hegel spöttisch formulierte: »Mit dem einfachen Hausmittel, auf das *Gefühl* das zu stellen, was die und zwar mehrtausendjährige Arbeit der Vernunft und des Verstandes ist, ist freilich alle Mühe der von dem denkenden Begriffe geleiteten Vernunfteinsicht und Erkenntnis erspart.« (Hegel 1981: 20)

Auch die Art und Weise, wie die Diskussion zum »Sozialismus des 21. Jahrhunderts« international auf die Tagesordnung gesetzt wurde, verstärkt die oben schon genannten Gründe, eine ernsthafte Reflexion einzufordern. Hugo Chavez, um nur ein Beispiel zu nennen, hatte in seiner erfolgreichen zweiten Kampagne zur Wahl als Präsident Venezuelas die sozialistische Orientierung verkündet und wollte sie dann in einer Verfassungsreform festschreiben. Etwas ausführlicher sei aus den Analysen des venezolanischen linken Intellektuellen Edgardo Lander zitiert:

»Wenn unter dem Sozialismus des 21. Jahrhunderts ein Modell verstanden wird, das sich von dem des 20. Jahrhunderts unterscheidet, ist es erforderlich, eine umfassende kritische Bilanz zu ziehen: Worin bestehen die Erfahrungen mit dem autoritären, bürokratischen Staatssozialismus des 20. Jahrhunderts? Was sind die grundlegenden Unterschiede? Was muss den neuen Sozialismus dieses Jahrhunderts ausmachen? Er kann nur eine politisch machbare, wünschenswerte und legitime Alternative zum Kapitalismus werden, wenn die Gesellschaft weitaus demokratischer wäre als die der liberalen repräsentativen Demokratie. In diesem Sinne war das sowjetische Sozialismusmodell im Endergebnis ein glatter Fehlschlag. Gleichzeitig ist es erforderlich, festzustellen, dass die Errichtung einer sozialen postkapitalistischen Ordnung die Notwendigkeit einer radikalen Abkehr vom gängigen Modell des permanenten Krieges gegen den Rest der Menschheit einschließt. Dieses Modell wurde in der historischen Erfahrung des sowjetischen Sozialismus in keiner Weise in Frage gestellt. Die erdölgestützte venezolanische Gesellschaft verwandelt diese Fragestellung in eine besonders komplexe Angelegenheit.« (Lander 2007)

Wer als Sozialist über die Stärken des Kapitalismus spricht, setzt sich unvermeidlich dem Vorwurf aus, er gäbe das Ziel einer alternativen Ordnung auf. Diesem Vorwurf sei ein doppeltes Argument entgegengesetzt: (1) Ein General, der seine Truppen in den Kampf schickt, kann dies nur dann mit einem bestimmten Maß an Hoffnung auf einen Sieg tun, wenn er die Stärke des Gegners studiert und Strategien entwickelt hat, diesen erfolgreich zu begegnen. Es wäre leichtfertig und verantwortungslos, mit bloßem Vertrauen auf die eigene moralische Überlegenheit in den Kampf zu ziehen. (2) Jenseits derartiger militärischer Metaphern verlangt es der schon erwähnte kategorische Imperativ, sozialistische Strategien zu entwickeln, die das Elend, die Unterdrückung und Ausbeutung, den Krieg und die Barbarei wenn nicht beseitigen, so zumindest deutlich vermindern, auf keinen Fall aber erhöhen.

Wie Wolfgang Fritz Haug feststellt: »Heute gähnt an der Stelle jenes geschichtsbildenden Urvertrauens (in den Sozialismus und sein produktives Potenzial – M.B.) eine epochale Abwesenheit. Sie bildet den negativen Kern der postkommunistischen Situation. Ein Antikapitalismus, der nicht über das ›Anti‹ im Verhältnis zum Kapitalismus hinausgeht und zu einem ›Pro‹ gelangt, das jene Produktivität aus der konkurrenziellen Profitlogik des Kapitalismus und damit zugleich von ihrer Destruktivität zu befreien verspricht, kann diesem sein Daseinsrecht nicht streitig machen [...]. Selbst die unterm Kapitalismus Leidenden werden in ihrer großen Mehrheit keinem Projekt folgen, das dahinter zurückfällt. Solches kritische Maßnehmen an kapitalistischer Produktivität verklärt diese nicht, sondern spannt die eigenen Kräfte an im Projekt der progressiven Aufhebung des Kapitalismus in einer Produktion um der Menschen und der Erhaltung der Bewohnbarkeit unseres Planeten willen.« (Haug 2007: 20) Im gleichen Artikel, der dieses fundamentale Defizit des hilflosen Antikapitalismus beschreibt, verzichtet Wolf Haug jedoch völlig unerwartet auf jeden Versuch, auch nur die Konturen aufzuzeigen, wie dieses Defizit behoben werden könnte.

Es sei hinzugefügt, dass auch das »Urvertrauen« in Formen der Rätedemokratie oder der direkten Demokratie verloren gegangen ist. Immer wieder ist Marx' Einschätzung der Pariser Kommune zitiert worden: »Sie war wesentlich eine *Regierung der Arbeiterklasse,* das Resultat des Kampfs der hervorbringenden gegen die aneignende Klasse, die endlich entdeckte politische Form, unter der die ökonomische Befreiung der Arbeit sich vollziehen konnte.« (Marx 1871: 342) Eine genauere historische Analyse der Pariser Kommune zeigt jedoch auf, dass schon sie in sich, trotz der gerade einmal 72 Tage ihrer Existenz, viele der später im Staatssozialismus aufbrechenden Widersprüche barg (vgl. Grams 2014: 29–45). Lenin hat sich in »Staat und Revolution« direkt auf Marx' idealisierte Darstellung der Kommune bezogen und wichtige erste Schritte der Sowjetmacht folgten dieser »endlich entdeckten politischen Form.« Sehr bald aber wurde genau diese politische Form durch völlig andere, geradezu entgegengesetzte Regelungen ersetzt.

Es ist eine fundamentale Schwäche vieler heutiger sozialistischer Ansätze (im breitetesten Sinne verstanden als Entwürfe von Gesellschaft, die über die kapitalistische Ordnung und ihre politischen Systeme hinausgehen), dass sie es nicht vermögen, das

Pro, das mit dem Kapitalismus und der liberalen bürgerlichen Demokratie verbunden ist, in ein sozialistisches Projekt aufzunehmen. Die sozialistischen Projekte des 19. wie 20. Jahrhunderts sind immer wieder hinter das produktive, das fortschrittliche Pro des Kapitalismus und der liberalen Demokratie zurückgefallen. Es bedarf der wissenschaftlichen Analyse und der praktischen Experimente, wie im Maße der Überwindung des Kapitalismus dieses Pro erhalten werden kann. Es muss geprüft werden, wie nicht wieder solche negativen Effekte entstehen, die am Ende doch wieder die Waagschale zugunsten des Kapitalismus ausschlagen lassen.

Roland Boer und Ping Van machen auf folgendes Problem aufmerksam, wenn es darum geht zu bestimmen, was ein sozialistisches Wirtschaftssystem ist: »Das ›Kommunistische Manifest‹ gibt bereits eine frühe Antwort: ›Das Proletariat wird seine politische Herrschaft dazu benutzen, der Bourgeoisie nach und nach alles Kapital zu entreißen, *alle Produktionsinstrumente in den Händen des Staats, d. h. des als herrschende Klasse organisierten Proletariats, zu zentralisieren und die Masse der Produktionskräfte möglichst rasch zu vermehren.*‹ (Marx/Engels 1848: 481) Wir haben den letzten Teil dieses Zitats aus einem Grund kursiv gesetzt, da er oft vergessen wird. Für Marx und Engels gibt es zwei Komponenten, die eine betrifft das Eigentum, die andere die Befreiung der Produktivkräfte. In dieser Frage ergibt sich eine Zweiteilung: Für die Marxisten, die sich in einem Kontext hoch entwickelter Produktivkräfte befinden, besteht die Tendenz, sich auf die Produktionsverhältnisse, auf das Eigentum an den Produktionsmitteln zu konzentrieren. Dieser Schwerpunkt führt zu einem Ungleichgewicht und vernachlässigt die Befreiung der Produktivkräfte. In Teilen der Welt, in denen die Produktivkräfte unterentwickelt waren, lag der Schwerpunkt dagegen auf dieser Befreiung.« (Boer/Ping Van 2021: 177) Aufhebung des Kapitalismus meint beides: Neue Produktionsverhältnisse und Steigerung der produktiven Fähigkeiten der Gesellschaft, was auch die Entwicklung einer völlig anderen Art von Produktivität einschließt.

Das Problem der Erfassung der antagonistischen Fortschrittlichkeit des Kapitalismus spiegelt sich auch in der wissenschaftlichen Reflexion wider. Bürgerlich-liberale Wissenschaft konzentriert sich auf das Pro des Kapitalismus und liberaler Institutionen, auf Wohlstandssteigerung, individuelle Freiheit, Innovation und Rationalität, während die verschiedenen Formen Kritischer Theorie vor allem das Anti hervorheben: Soziale Ungleichheit, Herrschaftscharakter, Zerstörung der gemeinschaftlichen Grundlagen des Lebens und die eindimensionale Zurichtung des Menschen. Ein Sozialismus, der die Erfahrungen der Vergangenheit ernst nimmt, steht deshalb in den Traditionen *beider* wissenschaftlichen Ströme der letzten 200 Jahre. Er muss sie beide bewahren und zugleich negieren – sprich aufheben in einer grundsätzlich neuen Konzeption von Sozialismus. Ohne Verständnis von Kapitalismus und seiner besonderen Leistungs- wie Zerstörungsfähigkeit kann kein Begriff von Sozialismus entwickelt werden.

Kapitalismus – ein neues Wort für eine neue Gesellschaftsordnung

Sozialismus ist ein Kind des Kapitalismus und zugleich hat erst die sozialistische Bewegung dem Gesellschaftstyp, der zwischen dem 15. und dem frühen 19. Jahrhundert in Westeuropa entstanden war, seinen Namen – Kapitalismus – gegeben. Erst im Licht einer angestrebten sozialistischen Alternative wurde die kapitalistische Gesellschaftsordnung auf ihren Begriff gebracht. Für beide Begriffe gilt, was Andrew Shonfield bezogen auf das Wort Kapitalismus sagte: »eine Rechtfertigung für den fortgesetzten Gebrauch des Wortes ›Kapitalismus‹ ist, dass niemand, nicht einmal seine härtesten Kritiker, ein besseres Wort vorgeschlagen haben, das es ersetzen könnte.« (zitiert in Braudel 1983: 238) Kapitalismus und Sozialismus teilen auch in dieser Hinsicht ein gemeinsames Schicksal. Jeder begründete Anspruch, eine sozialistische Alternative zu formulieren, basiert auf dem Verständnis dessen, was abgelöst werden soll – der Kapitalismus. Für Dante führte der Weg zum Paradies durch die Hölle; Sozialistinnen und Sozialisten müssen sich zumindest durch die Kapitalismustheorie hindurcharbeiten.

Es war der französischen Sozialist Louis Blanc (1811–1882), der 1850 das Wort Kapitalismus als Kennzeichnung eines Gesellschaftstyps zuerst in die breitere öffentliche Diskussion einbrachte und dessen Karriere auslöste (siehe ausführlich Hilger 1982: 442–445; Braudel 1983: 232–239; Krätke 2020: 1–3). Blanc war der erste sozialistische Minister in einer Regierung. Nach der Februarrevolution 1848 war er zum Vorsitzenden des Arbeiterparlaments und zum Arbeitsminister ernannt werden, musste aber nach der Niederlage des Arbeiteraufstandes vom Juni 1848 ins Exil gehen. Die Arbeiterinnen und Arbeiter von Paris, die für die liberalen Kräfte den Sieg über den »Bürgerkönig« erfochten hatten, wollten 1848 nicht wie schon 1830 (oder wie 1832/4 in England) um ihren Einsatz betrogen werden. In einer Petition vom 25. Februar forderten sie ein »garantiertes Recht auf Arbeit«, »ein gesichertes Minimum für die Arbeiter und ihre Familien im Krankheitsfall« und die »Organisation der Arbeit«, eine Losung, die Louis Blanc populär gemacht hatte. Die provisorische Regierung sicherte zu, »Arbeit für alle Bürger« zu garantieren und begann mit der Einrichtung von Nationalwerkstätten (siehe Rapport 2009: 192). Im Palais du Luxembourg wurde eine Kommission eingerichtet, die sich der Anliegen der Arbeiter annehmen sollte. Ihre Leitung wurde Louis Blanc und dem Arbeiter Alexandre Martin (als Revolutionär unter dem Namen Albert bekannt) übertragen.

Der Sturz der alten Regierung im Februar 1848 war aus einer Wirtschaftskrise hervorgegangen, die sich als Haushaltskrise bemerkbar machte. Die neue provisorische Regierung hatte die Schulden der alten geerbt. Sie beschloss, die Staatsschulden zu bedienen und das Haushaltsdefizit durch die Erhöhung der direkten Steuern um 45% zu decken. Teilen der Bevölkerung, vor allem den Bauern und Kleinbürgern, schien es, als müsse die Mehrheit der arbeitenden Kleineigentümer die Kosten für die nationalen Werkstätten tragen, in denen Arbeiter oft unproduktiv beschäftigt wurden. Die Vermögenden waren sowieso furios gegen das Recht auf Arbeit und staatlich unterstützte Produktionsstätten, die sie in ihrer Macht über die Lohnarbeit einschränkten. Angst vor einer sozialen Revolution und Sozialismus, Interessen der großen Kapitaleigentümer und Ressentiments wie Nöte der kleinbürgerlichen und bäuerlichen Schichten verbanden sich.

Als die Regierung im Juni 1848 beschloss, die nationalen Werkstätten zu schließen und die dort beschäftigten Arbeiter für die Armee zu rekrutieren oder zur Zwangsarbeit in die Sümpfe zu schicken, kam es zum Aufstand unter der Losung »Brot oder Tod!« Die Ziele der Aufständischen fasste einer ihrer Führer im Verhör so zusammen, als er gefragt wurde, was er unter »sozialer Republik« verstehe: »Ich verstehe darunter eine Republik mit sozialen Reformen [...], freie und allgemeine Bildung und die Organisation der Arbeit durch Assoziation; [...] dass der Arbeiter das Produkt seiner Arbeit erhält, jenen Anteil, der ihm jetzt von dem Mann weggenommen wird, der das Kapital zur Verfügung stellt.« (zitiert in Rapport 2009: 204) Wie der Pariser Polizeipräfekt schrieb: »Alle Bürger, die industrielle oder kommerzielle Interessen haben, bevorzugen die gewaltsame Konfrontation einem Zustand, wo die Dinge weiter so laufen würden.« (zitiert in Rapport 2009: 197) Die Kanonen der Regierungstruppen gaben den Ausschlag in einem erbitterten viertägigen Kampf, während derer rote Fahnen im Zentrum von Paris wehten. 1500 Aufständische und 900 Bewaffnete der Regierung starben. Viele der Aufständischen wurden deportiert (siehe die Dokumentensammlung zum Arbeiteraufstand von Neef 1983).

Die Erfahrungen der Revolution in Frankreich zwischen dem Februar und dem Juni 1848 waren für viele Sozialisten prägend: Die Kapitaleigentümer waren nicht bereit, die grundlegenden Ansprüche der Lohnarbeitenden auf Arbeit, Gesundheitsvorsorge, Bildung als garantierte soziale Rechte anzuerkennen. Sie waren zudem in der Lage, andere Teile der Bevölkerung, vor allem die Kleineigentümer, zu gewinnen, weil sie eine Alternative aufmachten: Entweder Wahrung der Rechte der Privateigentümer oder Durchsetzung der Rechte der Eigentumslosen. Und sie setzten die nackte Gewalt des Staates im Konfliktfall erbarmungslos ein. Die Kapitaleigentümer herrschten auf diese Weise über die Wirtschaft, die Gesellschaft und den Staat – und dies unter den Bedingungen eines allgemeinen (männlichen) Wahlrechts. Dieses hatte die Revolution eingeführt. Es waren diese Einsichten, die Louis Blanc 1850 dazu veranlassten, in der neunten Auflage seines Hauptwerks »Organisation der Arbeit« (L'organisation du travail), die er im belgischen Exil herausgab, das Wort Kapitalismus zu verwenden, um die Gesamtprägung der Gesellschaft durch das Kapitalverhältnis zu kennzeichnen. Er setzte sich mit der Apologie des Kapitals durch den einflussreichen französischen Ökonom Frédéric Bastiat (1801-1850) auseinander, der in der gesetzgebenden Versammlung der französischen Republik als entschiedener Gegner des Sozialismus auftrat. Bastiat hatte darauf verwiesen, dass es das Kapital sei, das es dem Arbeiter erlaube, an einem Tag jene Leistung zu erbringen, die er ohne Kapital nicht in Monaten verrichten könne.

Blanc antwortete darauf Bastiat:

»Sollten sie behaupten, dass man mit einem Pflug größere Resultate erzielen kann als ohne Pflug, mit einer Säge als ohne Säge, mit einer Straße als ohne Straße, mit Vorräten als ohne Vorräte, dann können sie sicher sein, dass wir uns hüten werden, dem zu widersprechen, oder, vielmehr, dass wir diese unbestreitbaren Wahrheiten gegen sie richten werden. Ja, das Kapital ist fruchtbar; ja, das Kapital ist notwendig. Warum also einem Regime, welches es allen zur Verfügung stellt, ein solches bevorzugen, das es der Gewalt einiger weniger ausliefert? In seinem berühmten Buch über *Die Gesetzgebung und den Getreidehandel* (siehe Necker 1775, M. B.) unterstellt Necker einige Männer, die das Mittel finden, um sich die Luft anzueignen, so, wie andere sich den Boden angeeignet haben; dann stellt er sie dar, wie sie sich Röhren ausdenken und Luftpumpen erfinden, die es ihnen gestatten würden, die Luft hier zu verknappen, um sie dort zu kondensieren... Wunderbar! Da verfügen sie also nun über die Atmung des Menschengeschlechts. Was wäre indes von ihrer Logik zu halten, wenn sie, um die Legitimität der durch sie auf jede Portion Atemluft erhobenen Zinsen zu beweisen, darauf hinwiesen, dass die Luft in höchstem Grade wohltuend und notwendig ist, dass man ohne Luft nicht atmen und ohne Atmung nicht leben würde, dass man also diese kostbare Fähigkeit – zu atmen, zu leben – nicht teuer genug bezahlen kann? Man sieht, worin der Sophismus besteht, der als Basis aller Räsonnements von Herrn Bastiat dient. Dieser Sophismus besteht darin, unaufhörlich die Nützlichkeit des Kapitals mit dem zu verwechseln, was ich als *Kapitalismus* bezeichnen würde, *das heißt mit der Aneignung des Kapitals durch die einen unter Ausschluss der anderen*«. (Blanc 1850: 161 – Hervorheb. von mir, M. B., übersetzt durch Effi Böhlke)

Louis Blanc machte auf den Unterschied zwischen Kapital als stofflich-gegenständliche Produktionsmittel und Kapital als Eigentumsverhältnis aufmerksam. Verfügung über die Produktionsmittel unter »Ausschluss der anderen« gibt den Eigentümern der Produktionsmittel die Kontrolle über die Verwendung der Arbeitskraft der anderen. Der reformsozialistisch orientierte deutsche Nationalökonom Karl Rodbertus führte den Begriff Kapitalismus dann 1869 in die Wissenschaft ein und Wilhelm Liebknecht machte ihn 1872 zum politischen Kampfbegriff. In einer Festrede des *Dresdner Bildungs-Verein* führte er aus:

»Das Herz krampft sich uns zusammen, wenn wir die Menschenhekatomben betrachten, die unsere ›Zivilisation‹ von Zeit zu Zeit dem blutigen Kriegsgott opfert – aber was sind diese Kriegshekatomben im Vergleich zu den Myriaden, die unsere Gesellschaft ununterbrochen Jahr aus Jahr ein, Tag für Tag auf dem Altar des Industrialismus und Kapitalismus dahinschlachtet, mordet? Ja *mordet*; wer ohne sein Verschulden von seinen Mitmenschen, die Gewalt über ihn erlangt haben, zu einer Lebensweise genötigt wird, die ihm mit mathematischer Gewissheit, und für jeden Denkfähigen voraussehbar einen frühzeitigen Tod bringen muss, *der ist gemordet,* – und, trägt nicht ein bestimmtes Individuum die Schuld, so tragen sie doch die *Verhältnisse* und *Einrichtungen*, die seinen Tod verursacht haben, und unzweifelhaft auch *in ihrer Gesamtheit die Individuen*, welche in ihrem Privat- und Klasseninteresse diese Verhältnisse und Einrichtungen geschaffen haben und aufrecht erhalten …« (Liebknecht 1904: 37)

Die kapitalistische Wirtschaftsweise – zerstörende Schöpfung und schöpferische Zerstörung

Eine Gesellschaft kann dann als kapitalistisch bezeichnet werden, wenn die Kapitalverwertung die Wirtschaft dieser Gesellschaft und wenn diese Wirtschaft die Dynamik und Entwicklungsrichtung der gesamten Gesellschaft prägt. Joseph A. Schumpeter brachte es so auf den Punkt: »Kapitalismus ist jene Form privater Eigentumswirtschaft, in der Innovationen mittels geliehenem Geldes durchgeführt werden, was im allgemeinen, wenn auch nicht mit logischer Notwendigkeit, Kreditschöpfung voraussetzt.« (Schumpeter 2008: 234) Dies schließt keineswegs ein, dass nicht alle, ja, nicht einmal die Mehrheit der wirtschaftlichen Verhältnisse unmittelbar kapitalistisch organisiert ist. Auch heute sind Hausarbeit und viele Bereiche von Pflege sowie viele Leistungen der öffentlichen Daseinsvorsorge nicht in der Hand kapitalistischer Unternehmen, auch wenn dies durch Privatisierung und Outsourcing zugenommen hat. Es bedeutet auch nicht, dass Politik und Kultur nicht ihrerseits eine kapitalistisch dominierte Wirtschaft stark beeinflussen. Entscheidend ist nur, dass die Dynamik und Entwicklungsrichtung der Gesellschaft durch diese kapitalistische Wirtschaftsweise bestimmt werden. Friedrich Engels hat für die Prägung der Gesellschaft durch eine kapitalistische Wirtschaft das Wort »in letzter Instanz« benutzt. Bob Jessop spricht in diesem Zusammenhang mit Verweis auf Niklas Luhmann von »ökologischer Dominanz« des kapitalistischen Wirtschaftssystems gegenüber den anderen gesellschaftlichen Bereichen. Neben seiner starken inneren Dynamik sei dieses Wirtschaftssystem im besonderen Maße in der Lage, eigene Probleme auf andere Teilbereiche der Gesellschaft zu verlagern und diese an den eigenen Anforderungen auszurichten (vgl. Jessop 2008: 163–169). Linke Regierungen stoßen nicht zufällig auf heftigsten Widerstand bei tiefergreifenden Reformen. Die Auslösung einer Staatsschuldenkrise, Kapitalflucht, Investitionsstreik, Steuervermeidung und vor allem die Konkurrenz der »Standorte« um die besten Bedingungen der Kapitalverwertung sind nur einige der Beispiele. Die neoliberale Globalisierung hat diese »ökologische« Dominanz des kapitalistischen Wirtschaftssystems gegenüber dem fordistischen Nachkriegskapitalismus in den letzten Jahrzehnten deutlich erhöht.

Kommen wir zu einer *Definition: Kapitalismus bezeichnet einen Typ von Gesellschaften, deren Entwicklung von der Reproduktion des Kapitals beherrscht wird.* Er basiert auf dem Privateigentum an den Produktionsmitteln, durch das die Dominanz der Kapitalverwertung abgesichert wird und Gemeinwohlinteressen und die Interessen der Mehrheit der Bevölkerung gegenüber dieser Kapitalverwertung als »abgeleitete« Größe erscheinen. Eine solche Gesellschaft beruht auf vier Bedingungen: (1) Kreditfinanzierung von vornehmlich privaten Unternehmen, (2) marktvermittelter Zugang zu den weitgehend privaten Produktions- und Existenzmitteln, (3) institutionelle und machtpolitische Absicherung der privateigentümlichen Ordnung und (4) maschinengestützte Produktionsweise.

Kreditfinanzierung von vornehmlich privaten Unternehmen

Kapital ist zunächst nichts anderes als das in Geld ausdrückbare Vermögen eines Unternehmens, das mit dem Ziel seiner profitablen Vermehrung eingesetzt wird. So schrieb schon 1399 ein italienischer Kaufmann an einen Geschäftspartner: »Wenn Du Samt oder wollene Kleidung kaufst, so möchte ich, dass Du das Kapital (*il capitale*) und den Profit [der erzielt werden soll] versicherst; dann verfahre so, wie Du es für richtig hältst.« (Braudel 1983: 233) Marx fasst diese Ursprungsbestimmung von Kapital so zusammen: »G – G ', geldheckendes Geld – money which begets money – lautet die Beschreibung des Kapitals im Munde seiner ersten Dolmetscher«. (Marx 1890: 170) Ausgangspunkt der Bewegung des Kapitals ist der Kredit, d. h. die Geldauslage mit dem Ziel der Rückkehr des ausgelegten Geldes in vermehrter Gestalt. Akteur dieser Handlung ist der *Geldgeber*. Es können Banken, Versicherungen, ein beliebiger Finanzinvestor, auch der Staat oder eine Gemeinde, alle, die Geldvermögen anlegen, sein. Wie Joseph A. Schumpeter schreibt: »Soweit Kredit nicht aus vergangenen Unternehmungsresultaten oder überhaupt aus von vergangener Entwicklung geschaffenen Reservoirs von Kaufkraft gegeben wird, kann er nur aus ad hoc geschaffenen Kreditzahlungsmitteln bestehen, die weder durch Geld im engsten Sinne, noch durch vorhandene *Produkte* – Waren – gestützt sein können.« (Schumpeter 2006: 212f.) Kredit ist überwiegend Geldschöpfung in Erwartung der in Zukunft durch die Kapitalanlage erzielten Gewinne. Kredit schafft neue Nachfrage.

Kredite können an nichtkapitalistische Akteure (z. B. an Konsumenten zum Kauf eines Autos oder einer Wohnung bzw. einen

Staat, wenn dieser Anleihen ausgibt) oder an einen Unternehmer vergeben werden. Werden sie an *Unternehmer* vergeben, so werden sie unmittelbar einer kapitalistischen Verwendung zugeführt. Es sind Unternehmer – oft kollektive Gremien –, die die Produktion eines Unternehmens ausrichten und leiten sowie die Kontrolle über die Verwendung des vorgeschossenen Kapitals ausüben. Sie müssen dies bei Strafe des Bankrotts des Unternehmens so tun, dass der Kredit einschließlich der Zahlung der vereinbarten Zinsen bedient werden kann.

Das Besondere eines *kapitalistischen* Unternehmens ist, dass es die für die Produktion eines Gutes oder die Bereitstellung einer Dienstleistung erforderlichen Produktionsmittel bzw. Arbeitskräfte (soweit sie nicht frei zugänglich sind wie noch die Luft oder nichtpatentiertes Wissen usw.) durch Nutzung des mit dem Kredit vorgeschossenen Geldes (G) kaufen, pachten oder über Arbeitsverträge einstellen Diese Produktionsfaktoren haben Warenform (W). Ein Unternehmen behauptet sich nur dann, wenn es am Ende eine gegenüber dem Kredit entsprechend erhöhte Summe an Geld (G') erwirtschaftet. Marx schlussfolgerte: »In der Tat also ist G – W – G' die allgemeine Formel des Kapitals, wie es unmittelbar in der Zirkulationssphäre erscheint.« (Marx 1890: 170) Hinter »W« verbergen sich erstens Unternehmen, die Produktionsmittel verkaufen, Eigentümer von Immobilien und andere Grundeigentümer, die diese verpachten, und Menschen, die ihre Arbeitskraft im Rahmen eines Arbeitsvertrages gegen Lohn für die Unternehmenszwecke zur Verfügung stellen. Geldgeber, Unternehmer, Grundeigentümer und Arbeiter, so Schumpeter, bilden die vier Typen von Wirtschaftssubjekten auf der Basis einer kapitalistischen Produktionsweise (vgl. Schumpeter 2006: 198).

Konkurrenzvermittelter Zugang zu den weitgehend privaten Produktions- und Existenzmitteln

Wie Ellen Meiksins Wood deutlich macht, basiert die kapitalistische Produktionsweise auf drei Voraussetzungen, die ein System von Sachzwängen konstituieren: (1) Die Produktionsmittel müssen auf dem Markt erworben werden. Kleinbauern, die ihr Land selbst besitzen, sind keine kapitalistischen Produzenten. (2) Die Verfügung über die Arbeitskraft anderer darf nicht auf persönlicher Herrschaft über sie (Sklaverei, Leibeigenschaft, Zwangsarbeit) beruhen, sondern ist durch Arbeitsverträge vermittelt, die die formelle Freiheit der Vertragspartner, Vertragsverhältnisse einzugehen oder nicht, voraussetzen. (3) Diese formelle Freiheit ist aber mit einem existentiellen Zwang verbunden: Kapitalismus ist ein System, »in der die Mehrheit der gesellschaftlichen Arbeit durch eigentumslose Arbeiter geleistet wird, die gezwungen sind, ihre Arbeitskraft für Lohn zu verkaufen, um den Zugang zu den Mitteln des Lebens und der Arbeit selbst zu erhalten« (Wood 1999: 3). Engels hat es 1845 so auf den Punkt gebracht: »Die Konkurrenz ist der vollkommenste Ausdruck des in der modernen bürgerlichen Gesellschaft herrschenden Kriegs Aller gegen Alle. Dieser Krieg, ein Krieg um das Leben, um die Existenz, um alles, also auch im Notfalle ein Krieg auf Leben und Tod, besteht nicht nur zwischen den verschiedenen Klassen der Gesellschaft, sondern auch zwischen den einzelnen Mitgliedern dieser Klassen; jeder ist dem andern im Wege, und jeder sucht daher auch alle, die ihm im Wege sind, zu verdrängen und sich an ihre Stelle zu setzen. Die Arbeiter konkurrieren unter sich, wie die Bourgeois unter sich konkurrieren. Der mechanische Weber konkurriert gegen den Handweber, der unbeschäftigte oder schlecht bezahlte Handweber gegen den beschäftigten oder besser bezahlten und sucht ihn zu verdrängen. Diese Konkurrenz der Arbeiter gegeneinander ist aber die schlimmste Seite der jetzigen Verhältnisse für den Arbeiter, die schärfste Waffe gegen das Proletariat in den Händen der Bourgeoisie.« (Engels 1845: 306f.)

Die Freiheit der Einzelnen, von Unternehmen, Städten und Kommunen, ganzen Staaten besteht nicht darin, *ob* sie sich diesen Zwängen stellen, sondern nur darin, *wie* sie es tun und die in diesen Zwängen liegenden Möglichkeiten zu nutzen versuchen. Dies heißt keinesfalls, dass es in kapitalistischen Gesellschaften keine Eroberung und keine Zwangsarbeit oder auch Formen von Subsistenzwirtschaft gibt, sondern dass diese direkten Gewaltformen dem Kapitalverhältnis untergeordnet sind, das sich als Konkurrenz geltend macht.

»Im Kapitalismus lebt jeder, auch der Kapitalist, unter der Herrschaft des Kapitals, oder, wie die meisten Menschen es wahrnehmen, unter dem Regime der ›Marktgesetze‹, die sich durch den schieren Druck der Konkurrenz aufdrängen. Indem sie sich diesem Druck beugen, gehorchen alle einer Kraft, die offensichtlich keine Naturkraft, sondern eine gesellschaftliche Kraft, wie das ›Gesetz des Werts‹, ist. In der kapitalistischen Epoche wird diese Art der Beherrschung des Handelns und Denkens der Menschen durch etwas, das sie selbst produziert und geformt haben – das Marktregime, das Geld, das Kapital –, durch die Mystifikationen, die in der Religion des Alltags herrschen, die der Kapitalismus hervorbringt, noch verschärft. Deshalb ist der Kapitalismus nicht nur die Herrschaft des Kapitals, persönlich und unpersönlich, sondern eine Ordnung, in der die faktischen und praktischen Zwänge einer Wirtschaft, die niemand kontrolliert, auf dem Leben und den Gedanken aller lasten, ein ›eiserner Käfig‹ universeller und unpersönlicher Unfreiheit, wie Max Weber es genannt hätte.« (Krätke 2020: 22)

Institutionelle und machtpolitische Absicherung der privateigentümlichen Ordnung

Douglass C. North, Barry R. Weingast und John J. Wallis sprechen von einer »Open Access Order«, um das Ensemble der notwendigen und hinreichenden Verhältnisse zu beschreiben, auf der die kapitalistische Wirtschaftsweise beruht. Diese Ordnung des freien, sprich vor allem marktvermittelten Zugangs zu den Produktions- und Existenzmitteln stellt den Wettbewerb der Akteure auf den Finanz-, Produktions- und Konsumtionsmittel- und Arbeitsmärkten her und sichert gegen Monopolisierung, Enteignung und endemische Korruption sowie Ausplünderung über die Sicherung von außermarktwirtschaftlichen Renten und Pfründen ab. North, Weingast und Wallis nennen drei wichtige Bedingungen einer solchen Ordnung: »1) eine gefestigte Organisation militärischer und ziviler Kräfte steht unter Kontrolle des politischen Systems; 2) das politische System muss durch ein Set von Institutionen und Anreize geprägt sein, dass den illegitimen Einsatz von Gewalt begrenzt; und 3) damit eine politische Gruppe oder

Partei an der Macht bleibt, muss sie die Unterstützung ökonomischer und sozialer Interessen im weiten Sinne haben.« (North et al. 2009: 22) Es handelt sich um eine liberale Rechtsordnung und ihre staatliche Absicherung. North, Weingast und Wallis unterstellen dabei, dass die ökonomischen und sozialen Interessen auf den Erhalt einer kapitalistischen Ordnung gerichtet sind. Sind die staatlichen Akteure vor allem von solchen Interessen abhängig und ist das Gewaltmonopol des Staates gegeben, kann man auch von einer kapitalistisch dominierten Staatsformation sprechen (siehe dazu Poulantzas 1978; Hirsch 1995; Jessop 2013).

Die maschinengestützte Produktionsweise

Robert Owens Schrift »Bericht an die Grafschaft Lanark« von 1821 kann als Gründungsdokument des britischen Sozialismus angesehen werden. Es war die gegensätzliche Erfahrung von der realen Vervielfachung der Produktivkraft gesellschaftlicher Arbeit durch Einführung von Maschinen einerseits und fortdauerndem Elend, Zerstörung, Krieg und Unfähigkeit, diese neuen Möglichkeiten einer potenziellen Überflussgesellschaft in reiche menschliche Entwicklung zu verwandeln, andererseits, die den Ursprungsimpuls des modernen Sozialismus ausmachte.

»Bekanntlich hat Großbritannien vor allen anderen Ländern besonders im letzten halben Jahrhundert durch einen schnelleren Fortschritt bei den wissenschaftlichen Verbesserungen und Systemen, die mehr oder weniger in allen Bereichen der produktiven Industrie des gesamten Königreiches eingeführt wurden, seine Produktivkräfte nach und nach erhöht. Mangels korrekter Angaben ist es unmöglich, den Umfang dieser neuen Produktivkraft genau zu bestimmen. Aber der Verfasser hat aus Tatsachen, die niemand bestreiten wird, ermittelt, dass sie ungeheuer zugenommen hat; dass sie sich im Vergleich zur manuellen Arbeit der gesamten Bevölkerung von Großbritannien und Irland mindestens wie *Vierzig zu Eins ve*rhält und ohne Schwierigkeiten auf *100 zu Eins* erhöht werden kann; und dass dieser Zuwachs auf andere Länder ausgedehnt werden kann; dass er bereits ausreicht, die ganze Welt mit Reichtum zu versorgen, und das die Reichtum schaffende Kraft veranlasst werden kann, ständig in beschleunigtem Tempo voran zu schreiten.« (Owen 1989: 197)

Woher aber kommt die sprunghafte Steigerung der Produktivität der gesellschaftlichen Arbeit im ausgehenden 18. und frühen 19. Jahrhundert? Es lag nicht allein am Kapitalismus, sondern an der Verbindung von kapitalistischer Wirtschaftsweise und industrieller Revolution. Mit der Industrie trat die menschliche Arbeitskraft aus dem unmittelbaren Bearbeitungsprozess von Stoffen heraus. Dies befreit diesen Prozess von der Bindung an die begrenzten menschlichen Naturkräfte. Indem der Mensch die Führung des Arbeitsinstruments an die Maschine abgibt, wird der unmittelbare Fertigungsprozess von jenen Beschränkungen befreit, die ihm bis dahin die menschlichen Körperkräfte auferlegt hatten. Nun kann alles hergestellt werden, was den Naturgesetzen nicht widerspricht und Erfindungen ermöglichen. Das kapitalistische Kreditsystem löste die Bindungen an vorgefundene Gemeinschaften und verinnerlichte Werte und die Industrie zerriss die Fesseln, die menschliche physische wie psychische Kräfte der Güterproduktion auferlegten. Dazu wurde Energie genutzt, die über viele hundert Millionen Jahren aufgespeichert wurde, zunächst vor allem Kohle. Die neue Technik schuf die Möglichkeiten immer neuer Inventionen. Der kapitalistische Kredit finanzierte ihre Anwendung. Die Konkurrenz erzwang ihre Verallgemeinerung. Die Kohle setzte die Energie frei und die Auflösung der Allmende und Armenfürsorge zwang die Arbeiterinnen und Arbeiter in die Fabrikhölle. Diese fünf Faktoren in ihrem Zusammenspiel, assistiert durch imperiale Gewalt, befeuert durch eine imperiale Produktions- und Lebensweise, erzeugten jene Wachstums- und Globalisierungsspirale, die innerhalb von 250 Jahren die Welt revolutioniert hat.

Der Textilsektor bildete den Anfang. Die Baumwolle von den Sklavenhalterplantagen der USA und aus den britischen Kolonien war der Rohstoff. Die sich bildenden Mittelschichten und die eroberten oder gewaltsam zum Handel gezwungenen traditionellen Imperien bildeten wichtige Absatzmärkte. Mit Spinn- und Webmaschinen, angetrieben erst durch Wasser-, dann durch Dampfkraft, wurde eine Produktivität erzielt, die weit über der

Abb. 2: Das reine Kapitalverhältnis

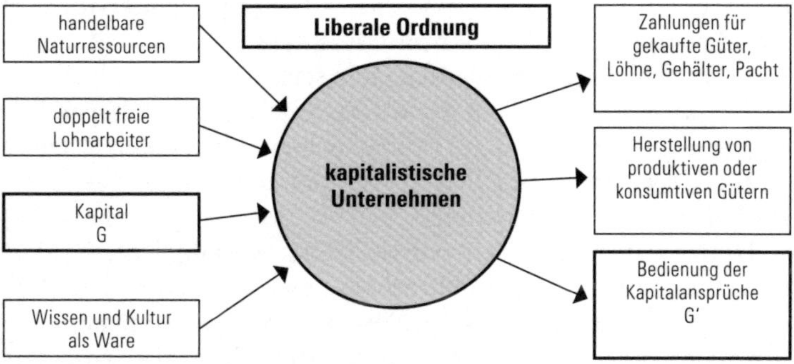

handwerklichen Fertigung lag. Moderne Sklaverei, globalisierte Kriegsführung und industrieller Kapitalismus verbanden sich und lösten die »Westernisierung der Welt« aus. Das reine Kapitalverhältnis, das den inneren Motor dieser Welt darstellt, wird in Abb. 2 veranschaulicht.

Die wichtigste Voraussetzung der kapitalistischen Wirtschaftsweise ist es, wie Marx in »Das Kapital« zeigte, dass die Mehrheit der Produzenten getrennt werden von den Produktionsmitteln und der Bindung an vormoderne Gemeinschaften. Nur dann werden die Menschen zu »Arbeitskräften«, die ihr Leben nur erhalten können, wenn sie ihre Arbeitskraft Unternehmen vertraglich auf Zeit zur Verfügung stellen. Sie werden doppelt freie Lohnarbeiter – frei von Produktionsmitteln und frei, vertragliche Verhältnisse der zeitlich befristeten Unterstellung ihrer Arbeitskraft unter das Kommando der Kapitaleigentümer einzugehen. Eine weitere Voraussetzung ist die Umwandlung von Boden und Naturressourcen, aber auch Erfindungen in Waren. All dies wirft Naturressourcen, Arbeitskräfte und Wissen auf den Markt, wo Unternehmen sie unter Inanspruchnahme von Krediten erwerben können. Sind in den Zentren der kapitalistischen Produktion die institutionellen Rahmenbedingungen gegeben, die North und seine Kollegen als Open Access Order bezeichnen, gibt es ein Mindestmaß an Konkurrenz, dann führt die kapitalistische Wirtschaftsweise dazu, dass ständig neue Natur-, Arbeitskraft-

und Wissensressourcen in den Kreislauf des Kapitals aufgenommen werden, dass eine ständige Entwertung (sprich: Zerstörung) alter Produkte und Produktionsweisen erfolgt und neue eingeführt und durchgesetzt werden. Wirtschaftliche Freiheiten und Sachzwänge sind auf das Engste verschmolzen. Der eiserne Käfig der Konkurrenzzwänge ist zugleich ein Ort ständiger freier Wahl – durch nichts beschränkt als durch die Gesetze des Erfolges der eigenen Vermarktung.

Die kapitalistische Wirtschaftsweise hat es ermöglicht, die Malthusianische Falle zu durchbrechen, innerhalb derer jeder Produktivitätsfortschritt durch das Bevölkerungswachstum zunichte gemacht wird und der große Teil der Menschheit dauerhaft zur Armut verurteilt ist. Die Lebenserwartung hat sich in den letzten zwei Jahrhunderten mehr als verdoppelt. Es wurde im globalen Durchschnitt eine Produktivität erzielt, die allen Menschen ein materiell und kulturell auskömmliches Leben und eine umfassende Bereitstellung der Basisleistungen von Gesundheitsfürsorge, Bildung, Mobilität, Wohnung und Kultur erlauben würde. Die seit über fünfzig Jahren anhaltende Kritik am Wachstum ist Ausdruck dessen, dass die kapitalistische Wirtschaftsweise ihre historische »Mission« weitgehend erfüllt hat. Es ist ein ungeheurer Reichtum entstanden, dem Armut, Umweltzerstörung, Vermarktungszwänge, Gesellschaftszerfall, Staatszerfall, Rassismus, neuer Faschismus, Kriege und Terror gegenüberstehen.

Bei den Rahmengüter-Waren handelt es sich um jene Voraussetzungen und Bedingungen der kapitalistischen Produktionsweise, die sie historisch außerkapitalistisch vorfindet, kolonialisiert, umgestaltet, sich unterordnet und systematisch immer wieder als »Externalitäten« ausbeutet, ausraubt oder ganz zerstört. Dies wird dann deutlich, wenn man wie Rosa Luxemburg Gesellschaft vor allem als *kulturellen Organismus* begreift (vgl. Luxemburg 1975: 10), deren Teil die Wirtschaft mit ihren konkreten soziokulturellen und politischen Ausformungen ist (vgl. Neusüß 1985: 306; siehe zum Folgenden auch Brie 2018b: 108–122, eine umfassendere Analyse der aktuellen Diskussion von Landnahme und Kolonialisierung findet sich in Brie 2016b). Für Luxemburg war Kapitalismus eine unmögliche Weltform, denn anders als jede Produktionsweise und Gesellschaftsformation vor ihm müsse der Kapitalismus alle nichtkapitalistischen Formen verdrängen und bräuchte sie doch zur eigenen Reproduktion. Kapitalismus sei eine Wirtschaftsform, die »gleichzeitig mit der Tendenz, zur Weltform zu werden, an der inneren Unfähigkeit zerschellt, eine Weltform der Produktion zu sein.« (Luxemburg 1975: 411)

Was in Kapitel 2 als große Leistung und Errungenschaft der kapitalistischen Produktionsweise dargestellt worden war, erweist sich als historisch vergehende Durchgangsstufe. Die Unterordnung von der natürlichen und gesellschaftlichen Reproduktion unter die Kapitalakkumulation steht im fundamentalen Widerspruch zur Eigenlogik von Natur und Gesellschaft, wie Polanyi immer wieder betonte. Wäre die Kapitalverwertung völlig unabhängig von Naturressourcen, Arbeitskraft, Finanz- und Rechtssystem oder Wissen und deren Reproduktion, dann würde sie als geradezu ideale Effizienz- und Innovationsmaschine erscheinen, die immer neue und höhere Formen des Reichtums erzeugt, wie zuerst Adam Smith zu Bewusstsein brachte (vgl. Smith 1976). Aber diese Isolation kann nur zeitweise, um den Preis der Zerstörung der wesentlichen Bedingungen dieser Reichtumsmaschinerie und unter Aufwendung von Gewalt aufrechterhalten werden. Die Gegenbewegungen, die Polanyi analysierte, sind unverzichtbare Begleiterscheinungen dieser Zerstörungen und erzeugen eine zyklische Entwicklung der kapitalistischen Formationen und ihrer Krisen. Jeder Versuch, diesen Krisen zu begegnen, ohne dabei die Dominanz der Kapitalverwertung über die Wirtschaft und einer solchen Wirtschaft über die Gesellschaft und ihrer natürlichen Lebensgrundlagen aufzuheben, bereitet neue Krisen auf allgemeinerer Grundlage vor, weil immer tiefere Schichten der Reproduktion erfasst werden (siehe Abb. 3 auf der folgenden Seite).

Nancy Fraser stellt diese Tendenzen der Zerstörung der »Hintergrundbedingungen« der Kapitalverwertung in ihrem Buch »Cannibal Capitalism« systematisch dar und definiert Kapitalismus so: »Indem wir diese verleugneten Hintergrundbedingungen identifizierten, gelangten wir zu einer unorthodoxen Antwort auf unsere Ausgangsfrage: Was ist Kapitalismus? Der Kapitalismus ist

Abb. 3: Kapitalistischer Reproduktionsprozess

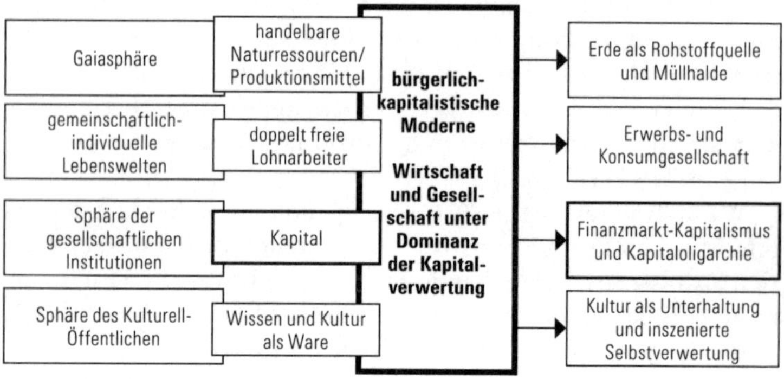

keine Ökonomie, sondern eine Gesellschaftsform, in der ein Bereich ökonomisierter Aktivitäten und Beziehungen von anderen, nicht-ökonomisierten Zonen abgegrenzt ist, von denen die ersteren abhängen, die sie aber verleugnen. Eine kapitalistische Gesellschaft umfasst eine ›Ökonomie‹, die sich von einem ›Gemeinwesen‹ oder einer politischen Ordnung unterscheidet (und davon abhängig ist); einen Bereich der ›wirtschaftlichen Produktion‹, der sich von einer Zone der ›sozialen Reproduktion‹ unterscheidet (und davon abhängig ist); eine Reihe von Ausbeutungsverhältnissen, die sich von den verleugneten Enteignungsverhältnissen unterscheiden (und davon abhängig sind); und einen soziohistorischen Bereich menschlicher Aktivität, der sich von einem materiellen Substrat der nicht-menschlichen Natur unterscheidet (und davon abhängig ist).« (Fraser 2022: 145)

Beides ist ins Auge zu fassen: Die große Stärke und die inhärente Zerstörungstendenz der kapitalistischen Produktionsweise. In Momenten, in denen dieser Widerspruch eskaliert und zu einem allgemeinen Widerspruch wird, der alle Lebens- und Gesellschaftsbereiche sowie das Verhältnis zur irdischen Natur wie der menschlichen Natur erfasst, kann auch das Fenster geöffnet werden, den Kapitalismus zu überwinden. Weltweit könnte damit vor allem erstens die globale Ausdehnung der Errungenschaften der kapitalistischen Ära auf alle Menschen, zweitens die Überwindung der ihnen zugrunde liegenden und zunehmend zerstörerischen Sachzwänge und drittens die Gestaltung eines neuen Typs von Zivilisation auf der Tagesordnung stehen. Dieser neuen Zivilisation würde eine andere Wirtschaftsweise, ein anderes Natur- und Gesellschaftsverhältnis, eine andere Produktions- und Lebensweise, eine andere Kultur zugrunde liegen. Es ist der Erfolg des Kapitalismus, der ihn infrage stellt – einerseits durch das Maß der dramatischen Extensivierung des Stoffwechsels mit der irdischen Natur, die deren menschenverträgliche Stabilität und biologische Vielfalt zerstört, zum anderen aber auch durch die Befreiung vom Imperativ der materiellen Existenznot, wie Reinhard Pfriem schreibt: »[...] wenn seit jüngster Zeit erstmals in der Geschichte der Menschheit in einer Reihe von Ländern für die große Mehrheit ihrer Bevölkerung keine existenziellen materiellen Versorgungsprobleme mehr bestehen, dann ist dieser Übergang vom Versorgungs- zum Überflusskapitalismus nichts weniger als ein *evolutorischer Test,* eine Prüfung, ob die Menschen fähig sind, nicht nur bloßes Leben, sondern auch gutes Leben wollen zu können und können zu wollen.« (Pfriem 2021: 89)

Sozialismus kann nur dann eine Zukunftslosung sein, wenn er vor dem Hintergrund der Errungenschaften der kapitalistischen Ära eine dreifache Aufgabe löst: (1) Bewahrung der wirtschaftlichen, politischen, rechtlichen und kulturellen Errungenschaften der liberalen kapitalistischen Ära, (2) Überwindung ihrer Zerstörungstendenzen und (3) Schaffung einer neuen Zivilisation, in der die Möglichkeiten für ein erfülltes und reiches Leben für jede und jeden deutlich verbessert werden. Die Menschen haben weit mehr zu verlieren als ihre Ketten. Sie können, wie die Geschichte zeigt, auch die Freiheiten und Entwicklungsmöglichkeiten, Potenziale der Reichtumsproduktion zerstören, die im Kapitalismus und der liberalen Ordnung, unter Nutzung seiner Möglichkeiten und teilweise im Kampf gegen die Sachzwänge des Kapitalismus erworben wurden.

Kapitel 3
Marx' Siegesgewissheit und Mises' Verdikt von der Unmöglichkeit des Sozialismus als rationale Wirtschaftsordnung

Überflüssige Fragen aus dem Nebelland der Zukunft?

Am 6. Januar 1881 schrieb der belgische Sozialist Ferdinand Domela Nieuwenhuis an Karl Marx einen Brief, indem er erstens um Unterstützung für die Herausgabe einer populären Ausgabe des »Kapital« in holländischer Sprache bat. Diese Ausgabe erschien am Ende des gleichen Jahres unter dem Titel »Karl Marx. Kapitaal en Arbeid« und wurde 1889 noch einmal aufgelegt. Nieuwenhuis stellte dem Buch folgende Widmung voraus: »Karl Marx, dem kühnen Denker, dem edlen Streiter für die Rechte des Proletariats, sei dieses Werk als Zeichen ehrerbietiger Hochachtung gewidmet vom Verfasser.« Zweitens stellte Nieuwenhuis an Marx die Frage, welche gesetzgeberischen Maßnahmen die Sozialisten bei einer Machtübernahme zuerst ergreifen sollten. Er hatte vorgeschlagen, dieses Problem auf einem Weltkongress der Sozialisten in der Schweiz im gleichen Jahr zu diskutieren. Nun erwies sich zum einen, wie Marx richtig vorhersah, dass die Zeit für eine neue internationale Vereinigung sozialistischer Kräfte noch nicht gekommen war. Auch lehnte der Kongress selbst die Diskussion zu diesem Tagesordnungspunkt ab. Von bleibendem Interesse aber ist Marx' Antwort.

In Marx' Brief an Nieuwenhuis vom 22. Februar ist das Folgende zu lesen: »Die ›Frage‹ des bevorstehenden Züricher Kongresses, die Sie mir mitteilen, scheint mir – ein Fehlgriff. Was in einem bestimmten, gegebnen Zeitmoment der Zukunft zu tun ist, *unmittelbar* zu tun ist, hängt natürlich ganz und gar von den gegebnen historischen Umständen ab, worin zu handeln ist. Jene Frage aber stellt sich in *Nebelland*, stellt also in der Tat ein Phantomproblem, worauf die einzige Antwort – die *Kritik der Frage* selbst sein muss. Wir können keine Gleichung lösen, die nicht die Elemente ihrer Lösung in ihren Data einschließt. Übrigens sind die Verlegenheiten einer plötzlich durch einen Volkssieg entstandnen Regierung keineswegs etwas spezifisch ›Sozialistisches‹. Umgekehrt. Die siegreichen Bourgeoispolitiker fühlen sich sofort durch ihren ›Sieg‹ geniert, während der Sozialist wenigstens ungeniert eingreifen kann. Auf eins können Sie sich verlassen, eine sozialistische Regierung kommt nicht ans Ruder eines Landes ohne so entwickelte Zustände, dass sie vor allem die nötigen Maßregeln ergreifen kann, um die Bourgeoismasse so ins Bockshorn zu jagen, dass das erste desideratum – Zeit für nachhaltige Aktion – gewonnen wird.« (Marx 1881: 160)

Schon 1850 hatte Marx in Auswertung der französischen Revolution von 1848 geschrieben: »Eine Klasse, worin sich die revolutionären Interessen der Gesellschaft konzentrieren, sobald sie sich erhoben hat, findet unmittelbar in ihrer eigenen Lage den Inhalt und das Material ihrer revolutionären Tätigkeit: Feinde niederzuschlagen, durch das Bedürfnis des Kampfes gegebene Maßregeln zu ergreifen; die Konsequenzen ihrer eigenen Taten treiben sie weiter. Sie stellt keine theoretischen Untersuchungen über ihre eigene Aufgabe an.« (Marx 1850: 19f.) Diese Aufforderung zur Theorielosigkeit für den Moment der Aktion durch Marx kontrastiert scharf mit seinem Insistieren auf eine wissenschaftliche Theorie zur Begründung der Unvermeidlichkeit eben dieser Aktion.

Wieso aber konnte Marx mit solcher Entschiedenheit die Frage nach der Agenda einer revolutionären sozialistischen Regierung von sich weisen? Woher die Überzeugung, dass im Moment der Not auch die richtigen Antworten gefunden werden? Noch einmal aus seinem Brief an Nieuwenhuis: »Die doktrinäre und notwendig phantastische Antizipation des Aktionsprogramms einer Revolution der Zukunft leitet nur ab vom gegenwärtigen Kampf. Der Traum vom nah bevorstehenden Untergang der Welt feuerte die primitiven Christen an in ihrem Kampf gegen das römische Weltreich und gab ihnen Siegesgewissheit. Die wissenschaftliche Einsicht in die unvermeidbare und stetig unter unseren Augen vorgehende Zersetzung der herrschenden Gesellschaftsordnung und die durch die alten Regierungsgespenster selbst mehr und mehr in Leidenschaft gegeißelten Massen, die gleichzeitig riesenhaft fortschreitende positive Entwicklung der Produktionsmittel – dies reicht hin als Bürgschaft, dass mit dem Moment des Ausbruchs einer wirklich proletarischen Revolution auch die Bedingungen ihres (wenn auch sicher nicht idyllischen) unmittelbaren, nächsten Modus Operandi gegeben sein werden.« (Marx 1881: 161)

In anderen Briefen aus dieser Zeit kritisierte Marx mit gleicher Entschiedenheit viele konkrete Reformvorschläge vom Erbrecht bis hin zur Erhebung einer umfassenden Grundsteuer, um vor allem die Landeigentümer zur Kasse zu bitten. All dies seien nur Teillösungen, die nicht an die Wurzel der kapitalistischen Produktionsweise gingen. Ebenso hatte er schon früher Überlegungen der Proudhonisten für eine umfassende Reform des Kreditwesens als unzulänglich zurückgewiesen, da damit die Kapital-Arbeit-Verhältnisse in den Unternehmen nicht beseitigt würden. Für die Genossenschaften hatte er unter den gegebenen Bedingungen keine wirkliche Zukunft gesehen. Den französischen Sozialisten empfahl er 1880 die strikte Unterscheidung zwischen einem demokratischen und sozialen Reformprogramm der Gegenwart und der umfassenden Durchsetzung eines auf Gemeineigentum basierenden Sozialismus nach Übernahme der Macht (vgl. Marx 1880: 238). Bei ihm gingen der Kampf im Hier und Jetzt, um eine revolutionäre Leidenschaft zu entfachen, und die Gewissheit, dass die Arbeiter als die zukünftigen Herrscher über ihr Schicksal nach dem »Hammerschlag der Revolution« (Rosa Luxemburg) dann auch die richtigen Schritte einleiten werden, Hand in Hand. Der Kampf um Reformen erschien vor allem als Vorbereitung der Massen auf die Revolution – durch Verbesserung der Kampfbedingungen, Schulungen sowie Entwicklung einer sozialistischen Orientierung. Eine inhaltliche Verbindung der Versuche, die Widersprüche der kapitalistischen Produktionsweise unter den *gegebenen* Bedingungen sozialer und demokratischer zu lösen, mit den Aufgaben *nach* einer erfolgreichen Revolution, wurde bewusst ausgeschlagen, erschien als Ablenkung von einem konsequenten Antikapitalismus. Eine doppelte Transformation im Kapitalismus über ihn hinaus wurde ausgeschlossen, obwohl er selbst Ansätze von einer über den Kapitalismus hinausweisenden positiven Regulation der kapitalistischen Marktwirtschaft aufzeigte, vor allem mit Bezug auf die Länge des Arbeitstags. Die »Blässe des Zweifels« hätte aufsteigen, der Verlust der Siegesgewissheit hätte drohen können. Diese gespaltene Strategie, die später den Namen »revolutionärer Absentismus« erhielt, prägte die sich marxistisch verstehende Sozialdemokratie der II. Internationale bis 1914.

Marx hatte ein klares Zukunftsbild, das er seinen Anhängerinnen und Anhängern hinterließ. In diesem fehlten zweifelsohne »Rezepte [...] für die Garküche der Zukunft« (Marx 1890: 25), aber es war keinesfalls inhaltsleer, sondern sehr inspirierend. Marx ging es um eine Lösung der Zeitprobleme, die radikal, die an die Wurzel geht. Dazu brach er 1843/44 mit Hegels Versuch, eine *Vermittlung* der Widersprüche zwischen der bürgerlichen Gesellschaft (und dem Menschen als *Bourgeois*) und dem Staat (und dem Menschen als *Citoyen*) zu suchen. Marx wollte die Widersprüche an ihren Wurzeln fassen, in dem er eine kommunistische Politik konzipierte, die darauf zielte, die Grundlage, aus der diese Widersprüche hervorgingen, zu beseitigen. Das Problem der damit verbundenen Abwendung von Hegel wird deutlich, wenn wir uns vor Augen führen, wie Marx sich in seiner Schrift *Zur Judenfrage* auf Rousseau bezieht. Er zitiert diesen so: »Die Abstraktion des politischen Menschen schildert Rousseau richtig also: ›Wer den Mut hat, einem Volke eine Rechtsordnung zu geben, muss sich fähig fühlen, sozusagen die *menschliche Natur* zu *ändern*, jedes Individuum, das in sich selbst und für sich allein ein vollkommenes Ganzes ist, in den *Teil* eines größeren Ganzen umzuwandeln, von dem dieses Individuum in gewisser Weise sein Leben und Sein empfängt, an die Stelle einer physischen und unabhängigen eine *moralische Teilexistenz* zu setzen. Er muss *dem Menschen seine eigenen Kräfte* nehmen, um ihm fremde dafür zu geben, die er nur mit Hilfe anderer gebrauchen kann‹.« (Marx 1843: 370)

An dieses Zitat von Rousseau angefügt sind dann die berühmten Sätze: »*Alle* Emanzipation ist *Zurückführung* der menschlichen Welt, der Verhältnisse, auf den *Menschen selbst*. [...] Erst wenn der wirkliche individuelle Mensch [...] in seinem empirischen Leben, in seiner individuellen Arbeit, in seinen individuellen Verhältnissen, *Gattungswesen* geworden ist, erst wenn der Mensch seine ›forces propres‹ als *gesellschaftliche* Kräfte erkannt und organisiert hat und daher die gesellschaftliche Kraft nicht mehr in der Gestalt der *politischen* Kraft von sich trennt, erst dann ist die menschliche Emanzipation vollbracht.« (Marx 1843: 370) Um der radikalen Emanzipation willen wird behauptet, es käme vor allem darauf an, die gesellschaftlichen Kräfte gesellschaftlich zu organisieren und diese dann so zu gestalten, dass dadurch in der Perspektive die freie Entwicklung der Einzelnen möglich wird. Was aber an Kraft bleibt den Einzelnen als Einzelne, wenn sie wirklich *alle* ihre Kräfte unmittelbar gesellschaftlich organisieren? Es gibt doch keine ungesellschaftlichen Kräfte der Individuen. Besteht nicht die Gefahr, dass sie gegenüber der Macht Aller zur eigenen individuellen Ohnmacht verurteilt werden? Wird ihr und ihm nicht zu viel genommen? Geben sie nicht zu viel her? Die Proudhonisten und Bakunisten warfen Marx und den Marxisten genau diese Blindheit für die Gefahren vor, die in der anvisierten Diktatur des Proletariats, die alle gesellschaftlichen Kräfte zentral organisiert, liege. Zeitgenossen waren es und nicht erst die Nachgeborenen, durch die Praxis Belehrten, die die Verkehrung von radikaler Emanzipation in neue Unterdrückung vorhersahen.

Wenn frei sich vereinigende Menschen ihre eigenen Gesetzgeber sind, dann geben sie sich vorher nicht vorhandene gemeinsame Kräfte, schränken aber den freien Gebrauch ihrer Kräfte als Einzelne zugleich ein. Sie setzen jede und jeden von ihnen zugleich als »moralische Teilexistenz« einer vorher nicht vorhandenen Assoziation und geben sich gleichzeitig gemeinsame Kräfte, die sie vorher nicht hatten und auch nur gemeinsam gebrauchen können. Damit schaffen sie aber nolens volens die Möglichkeit, dass diese Macht Aller durch Wenige usurpiert werden kann – im Namen Aller und des Gemeinwohls. Nicht zufällig berief sich Lenin immer wieder auf die französischen Jakobiner, sah die Bolschewiki in ihrer Tradition. Durch die gesellschaftliche Vereinigung der Individuen verändern diese auch die Möglichkeiten des Gebrauchs ihrer je individuellen oder Gruppenkräfte, da sie sich selbst in neue Verhältnisse gestellt haben. Jede und jeder existiert nun zumindest doppelt – als Individuum mit eigenen Handlungsmöglichkeiten und Handlungsgrenzen und als Mitglieder der frei gegründeten Assoziation mit gemeinsamen Handlungsmöglichkeiten und Handlungsgrenzen. *Es gibt also unter diesen demokratischen Bedingungen gar keine Zurückführung auf »den« Menschen, sondern »nur« eine Ausprägung neuer Formen von Individualität und Gesellschaftlichkeit, die ihrerseits der Vermittlung bedürfen, soll nicht die unmittelbare Subsumtion des einen Pols unter den anderen erfolgen.* Anarchisten und Kommunisten sind beide die Kinder dieses Widerspruchs, so sehr sie selbst im Gegensatz zueinanderstehen.

Marx, so meine These, verdeckte diesen Widerspruch von Individualität und Gesellschaftlichkeit. Er suggerierte ein unmögliches unmittelbares Ineinanderübergehen von Freiheit der Einzelnen und Freiheit Aller, das jeder Vermittlung entbehren kann. Gerade die wachsende Freiheit, die doch das Ziel ist, muss aber zwangsläufig in neuer Weise die Widersprüche zwischen individueller, kollektiver und gesellschaftlicher Reproduktion wie Entwicklung erzeugen, nur dass die Formen der Austragung, so die Annahme, nicht mehr unter dem Primat der Kapitalakkumulation stehen. Marx' kommunistische Vision unmittelbarer Identität individueller und gesellschaftlicher Interessen war und ist nicht realisierbar. Realisierbar dagegen ist eine sozialistische Gesellschaft, in der die freie Entwicklung der Einzelnen und die freie Entwicklung aller in vielfachen Vermittlungsformen immer wieder neu solidarisch aufeinander bezogen werden (siehe Kapitel 5).

Kommunismus ist für Marx seit 1844 eine Gesellschaft, gegründet auf dem unteilbaren Gemeineigentum an Produktionsmitteln, in der die Produzenten des gesellschaftlichen Reichtums und der sozialen Verhältnisse nach einem vorherbestimmten Plan handeln. Eigentümer kann der Einzelne nur noch werden auf der Basis des gemeinschaftlichen Besitzes. Als individuelles Eigentum soll sich diese gemeinschaftliche Basis dadurch erweisen, indem die Produktionsweise derart umgewälzt wird, dass die Arbeit zur freien Entwicklung der Einzelnen und zum ersten Lebensbedürfnis wird. In der »Deutschen Ideologie« heißt es zusammenfassend: »Innerhalb der kommunistischen Gesellschaft, der einzigen, worin die originelle und freie Entwicklung der Individuen keine Phrase ist, ist sie bedingt eben durch den Zusammenhang der Individuen, ein Zusammenhang, der teils in den ökonomischen Voraussetzungen besteht, teils in der notwendigen Solidarität der freien Entwicklung Aller, und endlich in der universellen Betätigungsweise der Individuen auf der Basis der vorhandenen Produktivkräfte.« (Marx/Engels 1974: 424f.)

Bis in die Spätschriften wird Marx an dieser Vision einer Gesellschaft, in der das Individuelle unmittelbar gesellschaftlich ist, weil Teil des gemeinsamen Plans, festhalten. Die Kehrseite war, dass damit zum einen alle Reformen, soweit sie die Institutionen der bürgerlichen Gesellschaft nicht aufheben, sondern ihnen eine neue Richtung zu geben suchen, als Scheinreformen erachtet werden können. Die Überwindung der Kapitaldominanz wird mit der Beseitigung aller marktförmigen, rechtlichen und politischen Vermittlungsweisen moderner Gesellschaften in Eins gesetzt. Ein Sozialismus, der auch Märkte einschließt, wird ausgeschlossen. Zum anderen aber geraten die harten Probleme einer nachkapitalistischen Gesellschaft nur insoweit in den Blick, als sie den Abbau der kapitalistischen Gegensätze, nicht aber die Entstehung von neuen Widersprüchen erfassen. Ein solches Konzept von Ökonomie des Kapitalismus konnte die Entstehung und den Ausbau des Sozialstaates und des Sozialeigentums (vgl. Müller 2015: 4006ff.), die Entwicklung einer Mehrsektorenwirtschaft und »Bindestrich-Gesellschaft« (Marshall 1992) nicht antizipieren. Die Suche nach transformativen Strategien über den Kapitalismus hinaus, die Bruch, Ausbau von Nischen und symbiotische Entwicklung (vgl. Wright 2017: 373ff.) verbinden, wurde erschwert. Die Ideologen des Staatsparteisozialismus konnten sich auf Elemente dieses Marxschen Ansatzes berufen. Die Konzentration aller Macht in einem Zentrum, bei einer Partei und ihrer Führung, erschien konsequent »marxistisch«. Eine zeitgemäße Kritik der kapitalistisch dominierten Ökonomie muss mit einer veränderten Vision von nachkapitalistischen Gesellschaften sich der Frage von »Freiheit in einer komplexen Gesellschaft« (Polanyi 1978: 329ff.) neu stellen.

Otto Neurath und der kurze Frühling Utopie einer sozialistischen Zentralverwaltungswirtschaft

Mit den Revolutionen in Deutschland und in der österreichisch-ungarischen Monarchie 1918/19 wurde deutlich, dass der Sozialismus auch in Mitteleuropa auf die Tagesordnung rücken könnte. Schumpeter wurde nach der Novemberrevolution in die *Sozialisierungskommission* in Deutschland berufen, die sich auch mit Unterstützung Schumpeters für die Sozialisierung der deutschen Kohleindustrie als erstem Industriezweig aussprach. 1919 gehörte er als Staatssekretär für Finanzen der österreichischen Regierung von Karl Renner an. Max Weber wirkte am Entwurf der Weimarer Verfassung mit und war zeitweise für die linksliberale Deutsche Demokratie Partei (DDP) aktiv, die auf eine Zusammenarbeit mit der SPD hinwirkte. Er seinerseits lehnte die Sozialisierung der Großindustrie ab.

Einen wichtigen Beitrag zur wissenschaftlichen Diskussion leistete Otto Neurath, mit Max Weber, bei dem er habilitierte, gut bekannt. Neurath gilt als Begründer der Kriegswirtschaftslehre. Ausgehend von Analysen zu Großbritannien während der Kriege gegen Napoleon und zu den Nordstaaten der USA im Bürgerkrieg kam er zu der paradoxen Feststellung: »Die Kriegsführung kann […] *gelegentlich* die Lebensweise der Bevölkerung geradezu verbessern.« (Neurath 1919a: 47) Und umgekehrt könne ein Friedensschluss wie der von 1815, nach dem Sieg über Napoleon, zum Ausgangspunkt einer verheerenden ökonomischen Krise werden. Neurath zog daraus den Schluss, dass möglicherweise die Fortsetzung kriegswirtschaftlicher Mittel der Nachfragesteuerung und Produktionsentwicklung auch in Friedenszeiten geboten sei.[1]

Neurath war von 1907 bis 1914 Lehrer der Politischen Ökonomie an der Neuen Wiener Handelsakademie gewesen und wurde im Rahmen seines Kriegsdienstes 1916 in die Wirtschaftsabtei-

---

[1] Es sei nur am Rande darauf hingewiesen, dass die Wendung Robert Owens hin zu kommunistischen Positionen unmittelbar durch den ökonomischen Schock und die anhaltenden Wirtschaftskrise am Ende der Napoleonischen Kriege ausgelöst wurde.

lung des k.u.k. Kriegsministeriums berufen. In dieser Zeit habilitierte er sich an der Universität Heidelberg zum Thema »Die Kriegswirtschaftslehre und ihre Bedeutung für die Zukunft« und wurde Privatdozent bei Max Weber. Rainer Hegselmann stellt in der Einführung zu Schriften Neuraths fest: »Als der bis dahin größte Krieg der Menschheitsgeschichte 1918 zu Ende ging, war Neurath [...] Sozialist. *Zugleich war aus einem Theoretiker der Kriegswirtschaftslehre ein Wirtschaftswissenschaftler geworden, dessen zentrales Anliegen nun die Ausarbeitung funktionstüchtiger Modelle einer für den Friedensbedarf planmäßig produzierenden Wirtschaft war.*« (Hegselmann 1979: 23) Während der Bayerischen Räterepublik wurde Neurath Präsident des Zentralwirtschaftsamts der Republik und versuchte, eine geldlose Wirtschaft zu installieren. Nach dem Sieg über die Räterepublik wurde er verhaftet unter dem Vorwurf der Beihilfe zum Hochverrat, zu anderthalb Jahren Festungshaft verurteilt (günstige Aussagen von Max Weber sollen das Urteil abgemildert haben) und später nach Österreich ausgeliefert. Allein zwischen 1919 und 1922 publizierte Neurath rund 30 Arbeiten zu Fragen der Sozialisierung (vgl. Hegselmann 1979: 24).

Im Geleitwort seiner gesammelten Aufsätze unter dem Titel »Durch die Kriegswirtschaft zur Naturalwirtschaft« schrieb Neurath im April 1919: »Das Zaudern und Schwanken der zum Handeln berufenen, der Rat meiner Freunde und manche Zufälle veranlassten mich, endlich nach langem Bedenken das Leben der Beschaulichkeit abzuschließen und das der Tat zu beginnen, um eine beglückende Verwaltungswirtschaft heraufführen zu helfen. Nach manchen Zwischenfällen wurde ich als *Präsident des Zentralwirtschaftsamtes* mit der Sozialisierung Bayerns betraut. Was ich bisher als Zukunft ersehnte, kann ich nun selbst mitgestalten im Dienste eines freien Volkes, hoffentlich bald im Dienste einer freien Welt.« (Neurath 1919b: VII) Neurath hatte schon vor 1914 aus seiner Analyse von Kriegswirtschaften den Schluss gezogen, dass die naturwirtschaftliche Organisation von Volkswirtschaften große produktive Potenziale freisetzen könnte, die auch in Friedenszeiten sichern würden, Krisen zu vermeiden und die Bedürfnisse der Bevölkerung auf deutlich höherem Niveau zu sichern (vgl. Neurath 1919a).[2] Er ging davon aus, dass auch Mischformen von Markt- und Naturalwirtschaft möglich sind, wie er sie im Kriege erlebt hatte (vgl. Neurath 1919c: 150) und betonte die Rolle von Kartellen mit staatlicher Beteiligung oder Staatsunternehmen (vgl. Neurath 1919d). Für den Übergang hielt er auch ein »System von Verbänden« (Neurath 1919e: 162) auf Kartellbasis für möglich. Die Perspektive schien für Neurath schon 1917 klar: »Im großen und ganzen sieht man eine Abkehr von der *geldwirtschaftlich orientierten Verkehrswirtschaft zur naturalwirtschaftlich aufgebauten Verwaltungswirtschaft*, welche grundsätzlich die *Naturalrechnung eines Wirtschaftsplans* allen Maßnahmen zu Grunde liegen sucht.« (Neurath 1919e: 170)

1919 schien nun die Stunde gekommen, diese Überlegungen in der Praxis umzusetzen. Neurath ging von einer Übergangszeit von rund fünf Jahren aus, um von der Mischung aus Kriegswirtschaft des Ersten Weltkriegs und der Verkehrs-, sprich Marktwirtschaft zu einer »Großnaturalwirtschaft« überzugehen. Das Angebot der Räteregierung in Bayern schien Neurath als Chance, Utopien »als *gesellschaftstechnische Konstruktionen*« (Neurath 1979a: 235) umzusetzen, die »unsere ganze Gesellschaft, vor allem unsere Wirtschaft, ähnlich wie einen riesigen Betrieb« (Neurath 1979a: 236) behandeln. In einem Vortrag über »Wesen und Weg der Sozialisierung« vor dem Münchener Arbeiterrat am 25. Januar 1919 betonte er, dass sich die Absicht der Sozialisierung »einerseits durch die Unwirtschaftlichkeit der überlieferten Ordnung mit ihren Krisen, ihrer zeitweiligen Massenarbeitslosigkeit und ihren Depressionen bedingt« sei, »die vor allem auf die ›Anarchie und Regellosigkeit des Marktes und der Produktion‹ zurückzuführen sind, andererseits durch die unbegründete und nicht begründbare Verteilung der Einkommen« (Neurath 1979b: 242). Sein Konzept sah vor, »*Genossenschaften, Kartelle, Banken, Gemischte Werke, Gewerkschaften, Konsumentenver-*

[2] Es gibt keinesfalls zufällig große Gemeinsamkeiten zwischen der Position Neuraths und der von Lenin und anderer Bolschewiki mit Blick auf die Organisation der Wirtschaft, die diese 1917/18 entwickelten (Lenin 1960b, 1974).

bände, Handelskammern, Landwirtschaftskammern und andere Großorganisationen *die neben dem Staat* als *Diener der Sozialisierung* zu verwenden« (Neurath 1979b: 244). Er fügt hinzu: »Dies hätte unter der Leitung und nach der Anweisung einer machtvollen Volksregierung zu geschehen, welche durch Kommissare und besondere, neu einzurichtende staatliche Stellen diese Wirtschaftsmaßnahmen dem Staatsbetrieb einzugliedern hätte.« (Neurath 1979b: 245) In seinen Darlegungen gewinnt eine sozialistisch orientierte Zentralverwaltungswirtschaft klare Konturen: »Die Wirtschaftspläne müssten von einer eigenen Stelle entworfen werden, welche die gesamte Volkswirtschaft wie einen riesigen Betrieb anzusehen hätte. Die Geldpreise würden für ihre Übersichten keine Rolle spielen, werden sie doch im Rahmen einer Verwaltungswirtschaft, solange das Geld überhaupt noch besteht, wesentlich *willkürlich* durch Verbände, durch den Staat oder andere leitende Instanzen festgesetzt, während sie ehedem *automatische* Ergebnisse des Wettbewerbs waren.« (Neurath 1979b: 248) Marx' Vision einer Gesellschaft mit völlig durchsichtigen Verhältnissen, die von den Gesellschaftsgliedern gemeinsam beherrscht werden (vgl. Neurath 1979b: 249), wird, angereichert durch die Erfahrungen der Kriegswirtschaft, durch Neurath ausgearbeitet. Sie ist als »*Großnaturalwirtschaft*« konzipiert, in der »das Geld keine treibende Kraft mehr« (Neurath 1979b: 252) darstellt. Dies wird eine »*größere Mannigfaltigkeit der Lebensweise*« (Neurath 1979b: 252) ermöglichen als in der Marktwirtschaft, obwohl, wie er auch später immer wieder betonte, die »sozialistische Wirtschaftswirklichkeit« »*völlig zentralistisch*« (Neurath 1979c: 280) sein müsse.

Otto Neurath beendete seine Ausführungen mit den folgenden Sätzen: »Zum Schluss sei eine kurze Zusammenfassung gestattet: *Die innenpolitische Lage drängt zur Sozialisierung. Die gesellschaftstechnisch vollkommenste Form ihrer Durchführung bestünde in Heranziehung der überlieferten Großorganisationen, Kartelle, Genossenschaften usw. unter gleichzeitiger Ausdehnung der staatlichen Verwaltungswirtschaft. Die politischen Verhältnisse können aber andere Gestaltungen begünstigen. Sozialisiert kann mit Erfolg nur im ganzen und von oben her werden. Wenn man überhaupt sozialisieren will, dann müsste es sofort und rasch geschehen, weil Verzögerung und Unsicherheit lähmen. Der augenblickliche Zeitpunkt ist zur Sozialisierung besonders geeignet, weil die Kriegsorganisationen noch bestehen, die Not nach einer planmäßigen Verwaltung aller Kräfte geradezu schreit und die Unterbrechung der internationalen Beziehungen die selbstständige Inangriffnahme mit der Sozialisierung erleichtert.* Voraussetzung der Sozialisierung *ist Festsetzung eines umfassenden Wirtschaftsplanes und Schaffung einer alles regelnden wirtschaftlichen Zentralstelle.*« (Neurath 1979b: 260f.)

Zweieinhalb Monate später war Otto Neurath Präsident dieser wirtschaftlichen Zentralstelle. Aber schon einen Monat später war die bayerische Räterepublik besiegt und er wurde verhaftet.[3]

Neurath hatte sich in seinen Schriften vor 1919 die Frage gestellt, wie unter den Bedingungen einer Großnaturalwirtschaft rationale Entscheidungen über Produktion und Konsum gefällt werden können. Letztlich strebte er eine Zentralverwaltungswirtschaft an, in der durch ein oberstes Organ die erforderlichen Beschlüsse gefasst werden. Ausgangspunkt ist das utilitaristische Prinzip des Vergleichs von Zuständen größerer oder kleinerer Lust bzw. Unlust durch Individuen und Gruppen. Schon auf dieser Ebene wird deutlich, dass die Wahrnehmung von Lust bzw. Unlust als »Sensationen« »nur vergleichbare, nicht auch messbare Größen« (Neurath 1919f: 140) ergeben. Bewusst bezieht sich Neurath auf die Wirtschaftsregulierung vor der Durchsetzung des

[3] Max Weber schrieb in dieser Zeit an Neurath: »Mit Ihnen bin ich der Ansicht, dass die bisheriger Art der freien Wirtschaft (wahrscheinlich – absolut Sicheres lässt sich m. E. noch nicht sagen) nicht wiederkehrt, oder doch sehr stark modifiziert aus valutarischen und Finanzgründen, nicht: aus anderen. Eine Träne weine ich ihr nicht nach, wenn es so kommt. Aber ich beurteile die Sache ähnlich wie Eulenburg (Gutachten des Vereins für Sozialpolitik) und halte die ›Planwirtschafts‹-Pläne für einen dilettantischen, *objektiv absolut verantwortungslosen Leichtsinn* sondergleichen, der den ›Sozialismus‹ für hundert Jahre diskreditieren kann und alles, was jetzt etwa werden könnte, in den Abgrund einer stupiden Reaktion reißen wird. Die sehe ich leider kommen, und da liegt der Unterschied zwischen uns.« (Zitiert in Münkler 1995: 37)

modernen Liberalismus: »Wir sehen, wie sich heute auf demokratischer Basis mehr im Rahmen kriegswirtschaftlicher Diktaturen eine Geistesrichtung entfaltet, welche mit jener des aufgeklärten Absolutismus in mehr als eine Richtung verwandt ist. Der aufgeklärte Absolutismus kannte in der Erforschung der Lebensverhältnisse seiner Untertanen keine Schranken, war er doch bereit, überall beglückend einzugreifen.« (Neurath 1919f: 143) Die Bestimmung des Reichtums durch »Geldrechnung« sei ein keineswegs notwendiger »Umweg« (Neurath 1919f: 144). In den Jahren nach 1919 hat Neurath versucht, die damit verbundenen Probleme zu bearbeiten und der im Folgenden dargestellten Herausforderung durch Ludwig von Mises zu begegnen. Dabei griff er vor auf viele Fragen, die im Zusammenhang mit den Indikatoren für Wohlstand, ein gutes Leben, menschliche Entwicklung seit den 1960er Jahren diskutiert wurden. Im Zentrum stand für ihn die Frage, welche wirtschaftliche Entwicklung in welcher Weise die Lebenslagen verschiedener sozialer Gruppen und ihre »Lebensstimmung« beeinflusst (siehe Hegselmann 1979: 25).

Ludwig von Mises' Verdikt von der Unmöglichkeit einer sozialistischen Wirtschaftsordnung

Während nach 1917 in Sowjetrussland erstmals versucht wurde, eine sozialistische Ordnung (bzw. das, was man dafür hielt) zu verwirklichen, wurde nach den gescheiterten sozialistischen Ansätzen von 1918/19 in Mitteleuropa und Westeuropa darüber auf höchstem theoretischem Niveau diskutiert. Die Sowjetregierung experimentierte in der Hochphase des Bürgerkriegs von 1919/20 mit dem Typ der »proletarischen militarisierten Produktion«, die Nikolai Bucharin folgendermaßen beschrieb: »[…] höchste Genauigkeit, unbedingter und widerspruchsloser Gehorsam bei der Ausführung, Schnelligkeit der Entscheidungen, Einheit des Willens und darum Minimum an Diskussion und des Schwatzens, Minimum an Kollegien, Maximum an Einzelleitung« (Bucharin 1989: 146). Eine Volkswirtschaft, in der auf der Basis zentralisierter Entscheidungen die Verteilung der Produktionsmittel, der Arbeitskräfte und der Konsumtionsmittel, die konkrete Gestalt von Investitionen und der Ausrichtung einzelner Betriebe erfolgt, sollte nicht mehr nur eine kriegsbedingte vorübergehende Notwendigkeit sein, sondern eine umfassende Entwicklung der Produktivkräfte und eine schnelle Hebung des Lebensstandards ermöglichen.

Wie Johanna Bockman deutlich macht, gingen auch neoklassische Ökonomen Ende des 19. Jahrhunderts zunächst davon aus, dass die Funktionen des Marktes bei der Regulation der Verteilung der Arbeit zwischen den Produktionszweigen durch ein Monosubjekt und einen zentralen Planer sowie auf der Basis des Gemeineigentums übernommen werden könne. Sie kamen zu dem Schluss, »dass die wettbewerbsorientierte Marktwirtschaft mathematisch mit der zentral geplanten Wirtschaft« (Bockman 2013: 7) identisch sei. Sie verweist dabei u. a. auf Léon Walras (der sich selbst einen Sozialisten nannte), Friedrich von Wieser und Vilfredo Pareto (und sein »Ministerium für Produktion« [ebd.: 21–25]). Es fehlte ein Verständnis von Entwicklung, das über die einfache Reproduktion des Gleichen hinausgeht. Wie Rainer Land immer wieder betont: »Reproduktion auf gleicher Stufenleiter kann man zentral planen [im Sinne der genauen Vorwegnahme der notwendigen Ressourcen im Einzelnen], muss dann aber Entwicklung ausschließen. Entwicklung setzt Selektion, also Versuche, und eine Ex-Post-Selektion voraus.«

Die neoklassische Annahme, dass eine Wirtschaft miteinander konkurrierender privater Unternehmen und eine zentral geplante Wirtschaft zu gleichen Optima tendieren und gleichwertige Effizienz hervorbringen könnten, wurde erstmals wirkungsvoll durch Ludwig von Mises in Frage gestellt. Einen Artikel für *The Economist* im November 1920 leitete Mises mit den Sätzen ein: »Einer Kopenhagener Nachricht zufolge soll die Sowjetregierung das Geld abgeschafft haben. Die Auszahlungen sollen in Hinkunft nicht mehr in Rubeln, sondern in Zahlungsanweisungen erfolgen, welche die staatlichen Warenabgabestellen honorieren sollen.« (Mises 1920b) Neben den konkreten Problemen der Geldentwertung und der Sicherung der Versorgung der Städte durch die Bauern, so Mises, ginge es aber um etwas weit Grundsätzlicheres: »Das Problem, an das die Sowjetregierung mit der Durchführung der Vollsozialisierung herangetreten ist, ist viel tiefer und viel schwerer zu lösen, als die Mehrheit ihrer Anhänger und Freunde, unter denen sich neben Verbrechern viele edle und gutgläubige Idealisten befinden, meinen. Es ist die Frage, ob es überhaupt möglich ist, in einem rein sozialistischen Gemeinwesen wirtschaftliche Kalkulation zu betreiben.« (Mises 1920b) In diesem Zusammenhang stellte Mises die These auf: »Werden keine Geldpreise der Produktionsmittel gebildet, dann ist eine Wirtschaftsrechnung, ohne welche die Kalkulation nicht möglich ist, ausgeschlossen; ohne Wirtschaftsrechnung aber gibt es kein Wirtschaften.« (Mises 1920b)

Schon vorher hatte Mises in einem längeren Artikel für das *Archiv für Sozialwissenschaft und Sozialpolitik* nachzuweisen versucht, wieso Wirtschaftsrechnung in einer auf dem gemeinsamen Eigentum an allen Produktionsmitteln beruhenden Wirtschaftsordnung und der Zentralisierung aller wesentlichen Investitionsentscheidungen rationales Wirtschaften prinzipiell unmöglich sei. Mises unterschied zwei unterschiedliche Typen von Gütern: Güter erster Ordnung wären jene, die unmittelbar in die Konsumtion eintreten. Werturteile über den Nutzen dieser Güter könne der Einzelne relativ leicht fällen. Deutlich schwieriger würde es, wenn es um Güter ginge, die als Mittel der Erzeugung der Konsumgüter eingesetzt werden. Dies seien Güter höherer Ordnungen. Umso vermittelter der Zusammenhang mit dem endgültigen Konsumgut ist, umso höher ist die Ordnung. In einer komplexen arbeitsteiligen Gesellschaft, so Mises, müsse immer gefragt werden, welches Gut für welchen Zweck eingesetzt wird. Mises wirft den Sozialisten vor, dass sie genau diese Komplexität nicht berücksichtigen. Ihre Annahmen über eine sozialistische Gemeinwirtschaft könnten höchstens im Rahmen einer sehr begrenzten bäuerlichen Familienwirtschaft ohne Austausch mit anderen Wirtschaften Geltung beanspruchen.

In einer komplexen Wirtschaft werde sichtbar, dass ein und dieselben Güter oder Güter mit ein und demselben »Wert« für den Endkunden mit jeweils unterschiedlichen Gütern höherer Ordnungen erzeugt werden könnten. Sie sind austauschbar. Um die Frage des Einsatzes dieses oder jenes substituierbaren Gutes zu entscheiden, bedürfe es der quantitativen Vergleichbarkeit, um eine *rationale* Entscheidung zu treffen, welches Gut zu nutzen sei. In diesem Falle nütze der »subjektive Gebrauchswert« der Güter nicht. Dieser könne nicht quantifiziert werden. Deswegen könne man mit diesem auch nicht »rechnen« (Mises 1920a: 93f.). Um eine rationale Wirtschaftsrechnung zu ermöglichen, müssten viele verschiedene Wirtschaftsakteure auf der Basis der autonomen Verfügung über die Ressourcen ihres Unternehmens eigenverantwortliche Entscheidungen treffen, die erzeugten Güter auf der Basis von Verträgen verkaufen und die Folgen ihrer Entscheidungen im Wettbewerb mit anderen Unternehmen zu tragen haben. Nur mit dem dabei entstehenden »objektiven Tauschwert«, der sich in Preisen ausdrücke, sei eine rationale Wirtschaftsrechnung möglich. Diese sei folgerichtig an die Existenz einer »Verkehrswirtschaft« gebunden: »In der Verkehrswirtschaft tritt der objektive Tauschwert der Güter als Einheit der Wirtschaftsrechnung in Erscheinung. Das bringt dreifachen Vorteil. Einmal ermöglicht es, die Rechnung auf der Wertung aller am Verkehr teilnehmenden Wirte aufzubauen. Der subjektive Gebrauchswert des einzelnen ist als rein individuelle Erscheinung unmittelbar mit dem subjektiven Gebrauchswert anderer Menschen nicht vergleichbar. Er wird es erst im Tauschwert, der aus dem Zusammenspiel der subjektiven Wertschätzung aller am Tauschverkehr teilnehmenden Wirte entsteht. Dann aber bringt die Rechnung nach Tauschwert eine Kontrolle über die zweckmäßige Verwendung der Güter. Wer einen komplizierten Produktionsprozess kalkulieren will, merkt es gleich, ob er wirtschaftlicher als die anderen arbeitet oder nicht; kann er im Hinblick auf die auf dem Markte herrschenden Austauschverhältnisse die Produktion nicht rentabel durchführen, so liegt darin der Hinweis darauf, dass andere die fraglichen Güter höherer Ordnung besser zu verwerten verstehen. Endlich aber ermöglicht die Rechnung nach Tauschwert die Zurückführung der Werte auf eine Einheit. Dafür kann, da die Güter untereinander nach der Austauschrelation des Marktes substituierbar sind, jedes beliebige Gut gewählt werden. In der Geldwirtschaft wird hier das Geld gewählt.« (Mises 1920a: 94f.)

Indem die Sozialisten bisher die Frage nach einer rationalen Güterabwägung in einer sozialistischen Gemeinwirtschaft nur bezogen auf die zur Konsumtion gedachten Endprodukte bezogen hatten, also nur auf die Güter erster Ordnung, haben sie nach Mises die Komplexität moderner Produktionsformen völlig verkannt. Auch in den großen kapitalistischen Unternehmen sei eine rationale Wirtschaftsrechnung nur möglich, weil es den Bezugspunkt auf die im Verkehr von autonomen Unternehmen miteinander und den Kunden gebildete objektive Tauschwerte gäbe. Mises Schlussfolgerungen sind eindeutig: »Die Naturalrechnung kann in der verkehrslosen Wirtschaft immer nur die genussreifen Güter erfassen, sie versagt vollkommen bei allen Gütern höherer Ordnung. Sobald man die freie Geldpreisbildung der Güter höherer Ordnung aufgibt, hat man rationelle Produktion, überhaupt unmöglich gemacht. Jeder Schritt, der uns vom Sondereigentum an den Produktionsmitteln und vom Geldgebrauch wegführt, führt uns auch von der rationellen Wirtschaft weg.« (Mises 1920a: 99) Nur unter der Annahme völliger Veränderungslosigkeit bedürfe es keiner rationalen Wirtschaftsrechnung, da jeder Akteur in ständig gleicher Weise agiere. Dies aber sei völlig unrealistisch und auch nicht wünschenswert: »Jede wirtschaftliche Veränderung wird so im sozialistischen Gemeinwesen zu einem Unternehmen, dessen Erfolg weder im vorhinein abgeschätzt noch auch später rückschauend festgestellt werden kann. Alles tappt hier im Dunkeln. Sozialismus ist Aufhebung der Rationalität der Wirtschaft.« (Mises 1920a: 104) Würde man versuchen, dass Problem dadurch zu umgehen, dass man den Wirtschaftseinheiten in einer sozialistischen Wirtschaftsordnung autonome Entscheidungsrechte einräume (z. B. allen jenen, die Stahl produzieren, im Verhältnis zu allen denen, die Kohle erzeugen), dann wäre das »keine Sozialisierung, sondern Arbeiterkapitalismus und Syndikalismus.« (Mises 1920a: 105)

Am Ende seines Artikels kam Mises zu folgendem Schluss: »Die Erkenntnis der Tatsache, dass im sozialistischen Gemeinwesen rationelle Wirtschaft nicht möglich ist, kann natürlich weder für noch gegen den Sozialismus sprechen. Wer aus ethischen Gründen für den Sozialismus selbst unter der Voraussetzung einzutreten bereit ist, dass durch das Gemeineigentum an den Produktionsgütern die Versorgung der Menschen mit wirtschaftlichen Gütern erster Ordnung verringert wird, oder wer von asketischen Idealen geleitet den Sozialismus will, wird sich dadurch in seinem Bestreben nicht beeinflussen lassen. Noch weniger wird das jene Kultursozialisten abschrecken können, die wie Muckle vom Sozialismus in erster Reihe ‚Erlösung von der fürchterlichsten aller Barbareien: dem kapitalistischen Rationalismus' erwarten. Doch wer vom Sozialismus rationelle Wirtschaft erhofft, wird genötigt sein, seine Anschauungen einer Überprüfung zu unterziehen.« (Mises 1920a: 120f.)

1922 erschien Mises Schrift »Gemeinwirtschaft. Untersuchungen über den Sozialismus«. Hier wurden die Argumente detailliert ausgeführt und mit einer umfassenden Kritik von Sozialismus und Marxismus verbunden, die er schon vorher formuliert hatte. Einerseits ging Mises davon aus, dass Sozialismus die »Losung« der Gegenwart sei: »seit mehr als einem Menschenalter ist die Politik der Kulturvölker auf nichts anderes gerichtet als auf die schrittweise Verwirklichung des Sozialismus« (Mises 1932: 1) Er attestierte der Idee des Sozialismus Größe (vgl. Mises 1932: 27). Andererseits hielt er sein Verdikt von 1920 aufrecht und führte es systematisch aus. Im Abschluss seiner Fundamentalkritik einer sozialistischen Gemeinwirtschaft kommt Ludwig Mises zu dem Schluss: »Es ist nicht einzusehen, wieso man das Urteil abzugeben vermag, der Sozialismus sei in irgendeiner Hinsicht besser als der Kapitalismus, wenn man nicht zu behaupten vermag, dass er als Gesellschaftssystem besser fungiere als der Kapitalismus. Man könnte mit demselben Rechte etwa behaupten, eine Maschinenkonstruktion, die auf dem Perpetuum mobile aufgebaut sei, sei zwar besser als eine, die mit den gegebenen Gesetzen der Mechanik rechne, sie wäre nur bedauerlicherweise unausführbar. Wenn in der Vorstellung des sozialistischen Gesellschaftssystems ein Fehler enthalten ist, der das System nicht leisten lässt, was es leisten soll, dann ist der Sozialismus mit dem System des Kapitalismus, das sich als wirkendes bewährt hat, überhaupt nicht vergleichbar; dann kann man ihn auch weder als edler, noch als schöner oder gerechter bezeichnen.« (Mises 1932: 474) Hatten die Sozialisten bis dahin dem Kapitalismus vorgeworfen, dass dieser eine bewusste planmäßige rationale Gestaltung der Wirtschaft ausschließe (vgl. Engels 1880: 226), so behauptete Mises dies bezogen auf den Sozialismus. Dies aber stellt für jedes sozialistische Denken eine tödliche Herausforderung dar: Denn wenn Sozialismus nicht einen höheren Grad an bewusster rationaler Gesellschaftsgestaltung bedeutet, wie kann er dann ein Fortschritt zu mehr Freiheit sein?

Kapitel 4
Freiheit in einer komplexen Gesellschaft – die Suchprozesse Karl Polanyis

Kann Freiheit in einer komplexen Gesellschaft verantwortet werden?

Auch schon vor Mises gab es viele Kritiken an sozialistischen Vorstellungen. Einen charakteristischen Überblick gab Max Weber 1918 in seinen Reden vor Offizieren des k.u.k. Heeres. Wie Mises ging Weber davon aus, dass es sich bei Sozialismus um Gemeinwirtschaft handele und die Anarchie, sprich Konkurrenz zwischen verschiedenen selbständigen Unternehmen verschwunden sei (vgl. Weber 1995: 89). Am Schicksal der Arbeiter würde sich nichts ändern, nur könnten sie nicht mehr streiken; ihre Machtposition sei also geschwächt. In der Folge sei »die Abhängigkeit des Arbeiters bei dieser Art von Staatssozialismus ganz wesentlich gesteigert« (Weber 1995: 91). Zudem würde die Beamtenschaft von Staat und Wirtschaft vereinigt werden und sei »gar nicht mehr zu kontrollieren« (Weber 1995: 92). Was Weber hier vorhersagt, ist, dass ein solcher Sozialismus einen weiteren ungeheuren Bürokratisierungs- und Rationalisierungsschub nach sich ziehen würde, zugleich aber die gegenwirkenden Potenziale von Unternehmertum, relativer Trennung von politischer und wirtschaftlicher Macht, autonomer Organisationsfähigkeit der Arbeiter zerstört werden würden. Was er nicht vorher sagt, ist, dass eine solche Ordnung selbst nicht rational sei und nicht bewusst gestaltet werden könne. Es ist aber genau dieser Einwand, den Ludwig von Mises auf der Basis der neoklassischen Ökonomie vorbringt. Während die Sozialisten meinten, dass sie den Einwänden, wie sie auch von Weber vorgebracht wurden, durch umfassende Demokratisierung gegensteuern könnten, war die Kritik von Mises deutlich fundamentaler, wie gezeigt wurde.

Es war der ungarische Sozialphilosoph Karl Polanyi, der sich der Herausforderung durch Mises in einer Weise stellte, die vor allem über sein Werk »The Great Transformation« bis heute nachwirkt. Karl Polanyi war 1919 aus Ungarn geflohen und ins »Rote Wien« übergesiedelt. Wien war zwischen 1919 und 1933/34 ein Labor der durch linke Politik inspirierten Moderne. Bei 1,9 Mio. Bewohnerinnen und Bewohnern Wiens waren 1930 400.000 (!) Mitglieder der Sozialdemokratischen Arbeiterpartei. Sie konnte bei Wahlen 60% der Stimmen auf sich vereinigen. Wie die Herausgeber des Dokumentenbandes »Das Rote Wien« schreiben: »Als politisches Projekt verband das Rote Wien aufklärerische Modelle mit diskursiven Strategien, die auf die Formierung einer politischen Massenbewegung durch politische Gefühle und politisch-kulturelle Ästhetik setzen [...] und in ihrer Artikulation politischer Antagonismen auch linkspopulistische Züge trugen.« (McFarland et al. 2020: 6) Hier schien die 1918 gescheiterte sozialistische Revolution doch noch am Werke. Dies war ein Antrieb für die intellektuellen Gegner wie Befürworter des Sozialismus. Zu Ersteren gehörte Ludwig von Mises, zu Letzteren Karl Polanyi. Dieser nahm einerseits die im zweiten Kapitel dargestellten Stärken des Kapitalismus theoretisch ernst, wie sie Mises ins Zentrum gerückt hatte, und versuchte andererseits *auf dieser Grundlage* Sozialismus konzeptionell neu zu fassen.

Karl Polanyi hatte schon vor dem Ersten Weltkrieg begonnen, ein Verständnis von Freiheit zu entwickeln, das Freiheit an soziale Verantwortung bindet und die »Realität der Gesellschaft« in ihrer Komplexität als unentrinnbares Faktum akzeptiert (vgl. Brie 2019: 97–100). Die Erfahrungen des Roten Wien und die Herausforderung durch Mises schufen jenes Umfeld, in dem Polanyi die zentrale Forschungsfrage seines Lebens fand: Wie ist Freiheit in einer komplexen Gesellschaft möglich? (vgl. Cangiani/Thomasberger 2002; vgl. Brie 2019) Keinesfalls zufällig läuft genau auf diesen Punkt auch sein Hauptwerk von 1944 zu. Das Schlusskapitel ist mit »Freiheit in einer komplexen Gesellschaft« überschrieben. Auch das Spätwerk der 1950er-Jahre kreiste immer wieder um diese eine Frage und suchte die methodologischen und empirischen Voraussetzungen zu ihrer Beantwortung weiter auszuarbeiten.

Polanyis Reflexionen zur Freiheit als zentraler Leitfrage aus den Wiener Jahren kulminierten in einer Vorlesung unter dem Titel »Über die Freiheit« von 1927. Es ist eine Schrift im Übergang und sie bringt Polanyis gereiftes Grundverständnis von Freiheit auf den Punkt, dass seinerseits zum Ausgangspunkt der weiteren Forschungen wurde. Die existenzielle Dimension, die Freiheit für Polanyi hat, machte er am »Philosophem vom ermordeten Chinesen« (zu den Details dieses Philosophems siehe Brie 2015: 40f.) deutlich:

»Sie haben wohl schon alle von dem Philosophem vom umgebrachten Chinesen gehört. Würde uns, so lautet es, durch ein Wunder die Gabe erteilt, durch einfaches Drücken auf einen Knopf jeden Wunsch, den wir hierbei äußern, sofort erfüllt zu sehen, jedoch um den Preis, dass bei jedem Niederdrücken des Knopfes im fernen China einer der 400 Mio. Chinesen stirbt, – wie viele Menschen würden sich wohl enthalten, auf den magischen Knopf zu drücken? [...] Dieses skurrile Philosophem bietet uns das wahre Sinnbild jener Lage, in welcher sich selbst der beste Mensch seinen Mitbürgern gegenüber heute befindet. Ein jeder, der auf dem Markt einen entsprechenden Preis zu bieten vermag, kann unverzüglich alles hervorzaubern, was die Menschheit leisten kann. Die Folgen dieses Kunsttricks, die fallen ins *Marktjenseits*. Von ihnen weiß er nichts, er kann von ihnen nichts wissen. Die ganze Menschheit besteht heute für jeden einzelnen dieser Menschen aus namenlosen Chinesen, deren Leben er, ohne mit der Wimper zu zucken, für die Erfüllung seiner Wünsche augenblicklich auszulöschen bereit ist und tatsächlich auslöscht.« (Polanyi 2005a: 153)

Polanyis Position ist eindeutig: Die Freiheit in einer bürgerlichen, auf sog. »freien Märkten« gegründeten Gesellschaft ist zwangsläufig verantwortungslos. Die »Segnungen« wie die »Schrecken« der Marktgesellschaft seien das nichtintendierte Resultat einer Freiheit, bei der jede und jeder, in der Verfolgung der Eigeninteressen, die Folgen weder im Blick haben noch sinnvoll verantworten kann. Adam Smith' unsichtbare Hand ist tödlich – oder kann es zumindest sein, nur können wir den Zusammenhang unseres eigenen Tuns und dessen Folgen nicht im Detail überschauen. Jede »Kohle, die wir soeben in den Ofen geworfen haben, das Licht, bei welchem wir uns jetzt sehen«, so Polanyi, kann durch einen gewerblichen Unfall »mit einem Anteil an einem Menschenleben behaftet« sein (ebd.: 154). Heute ist dieser Zusammenhang noch offensichtlicher: Die Lebensweise jeder und jedes Einzelnen ist untrennbar von ökologischer Zerstörung und sozialer Spaltung. Aus dem Handeln der Einzelnen, basierend auf den freien Entscheidungen als Marktteilnehmer, Käufer und Verkäufer, Lohnarbeitender und Kapitalist, Kreditgeber und Kreditnehmer, geregelt durch Recht, bewacht durch den Staat, gehen verdinglichte Verhältnisse hervor. Der Freiheit der Einzelnen als egoistisches Individuum, abhängig von ihrer Marktmacht, steht ihre Unfähigkeit gegenüber, als Mitglied eines Gemeinwesens die selbst hervorgebrachten Vergesellschaftungszusammenhänge bewusst zu gestalten. Als Einzelne nehmen sie an deren Hervorbringung teil, die sie gemeinsam mit anderen nicht zu kontrollieren vermögen, sondern die unter der Dominanz von Kapitaloligarchien stehen (vgl. Dellheim 2014). Die »freie« Lebensweise der etablierten Mittelschichten der Weltgesellschaft ist imperial, ausbeuterisch und zerstörerisch (s. dazu prägnant Brand/Wissen 2017).

Polanyi ging es um eine nichtkapitalistische und nichtbürgerliche Gesellschaft, in der jede und jeder Verantwortung übernehmen *kann und muss* für das, was aus ihren und seinen freien Handlungen für das Leben anderer resultiert: »Frei sein heißt hier darum nicht mehr, wie in der typischen Ideologie des Bürgers frei *von* Pflicht und Verantwortung sein, sondern frei *durch* Pflicht und Verantwortung sein.« (Polanyi 2005a: 147)

Während das Werk von Mises eine intellektuelle Herausforderung für Sozialismus darstellte, war der Aufstieg des Faschismus eine politische Herausforderung. Dieser Aufstieg war mit den Krisenprozessen nach dem Ersten Weltkrieg verbunden. Sie spitzten sich mit der großen Weltwirtschaftskrise, die 1929 begann, zu. Diese legte die strukturellen Probleme offen, die das wirtschaftlich-politische und internationale System nach dem Ersten Weltkrieg prägten. Aus der Analyse dieser Krise gewann Karl Polanyi zentrale Einsichten, die dann in »The Great Transformation« eingingen. Sie berührten unmittelbar auch die Frage der Freiheit. In seinen Artikeln für den »Österreichischen Volkswirt« konnte Polanyi früh zeigen, wie demokratische Anliegen der Verteidigung und des Ausbaus sozialer Rechte durch sozialdemokratische Regierungen und die Zwänge der ökonomischen Stabilisierung und Rationalisierung unter den gegebenen Bedingungen auseinandergingen. Die Doppelbewegung von Vermarktlichung von Wirtschaft und Gesellschaft einerseits und Schutz der Gesellschaft andererseits nahm Formen an, die die liberale Zivilisation insgesamt in Frage stellten. 1932 schrieb Polanyi in dem Artikel »Wirtschaft und Demokratie«: »Zwischen Wirtschaft und Politik ist eine Kluft aufgerissen. Das ist in dürren Worten die Diagnose der Zeit. Wirtschaft und Politik, diese beiden Lebensäußerungen der Gesellschaft, haben sich selbständig gemacht und führen miteinander dauernd Krieg; sie sind zu Losungen geworden, unter denen politische Parteien, wirtschaftliche Klassen ihre gegensätzlichen Interessen austragen. Es ist so weit gekommen, dass die Rechte und die Linke im Namen von Wirtschaft und Demokratie einander befehden, als könnten die zwei Grundfunktionen der Gesellschaft in zwei verschiedenen Parteien im Staat verkörpert sein. Hinter den Parolen aber steckt grausame Wirklichkeit. Die Linke *ist* in der Demokratie verankert, die Rechte *ist* es in der Wirtschaft. [...] Es gibt kein zeitgenössisches Problem, welches der Aufmerksamkeit aller Wohlgesinnten würdiger wäre als dieses. Eine Gesellschaft, deren politisches und wirtschaftliches System einander widerstritten, wäre unfehlbar dem Untergang – oder dem Umsturz geweiht.« (Polanyi 2002a: 149)

Der Umsturz kam wenig später mit der Übertragung der Regierungsmacht an die Nationalsozialisten im Januar 1933 in Deutschland. Aus dieser Entwicklung zog Polanyi den Schluss, dass es nur eine Alternative gäbe: Faschismus oder Sozialismus. Beide seien revolutionäre Antworten auf die Krise der liberalen Zivilisation, nur wiesen die Antworten in zwei gegensätzliche Richtungen: »*Der Faschismus stellt jene Form der revolutionären Lösung dar, die den Kapitalismus unberührt lässt.* [...] Offensichtlich gibt es auch eine andere Lösung. Sie bedeutet den Erhalt der Demokratie und die Überwindung des Kapitalismus. Das ist die sozialistische Lösung.« (Polanyi 2005b: 236) An die Stelle einer kapitalistischen Marktgesellschaft müsse eine demokratische Wirtschaftsordnung treten.

Von hier aus stellte Polanyi sich der Frage einer nachkapitalistischen Gesellschaft: »Die Idee, unseren persönlichen Anteil an dem Leben der ›anderen‹, an den sozialen Wirklichkeiten zu verantworten und ihn damit dem Reiche der Freiheit einzuverleiben, ist in der bürgerlichen Welt unvollziehbar. Ebenso unvollziehbar ist es aber auch, dieser Idee zu entsagen und unsere Verantwortung, damit unsere Freiheit willkürlich zu begrenzen. Die Freiheits- und Verantwortlichkeitsidee der bürgerlichen Gesellschaft weist über die Grenzen dieser Welt hinaus« (Polanyi 2005l: 146). Die bürgerliche Idee der Freiheit sei in einer bürgerlich verfassten Gesellschaft nicht einlösbar. Aber auch der Staatssozialismus bilde keine Alternative. Hier sei alle Verantwortung an den Staat »als allgemeinen Sündenbock« (ebd.: 154) delegiert, der nur scheinbar von den Gesellschaftsmitgliedern abhinge. Aus einem solchen Gesellschaftsverständnis erwächst einerseits die Forderung nach einer tiefgreifenden Umgestaltung der Verhältnisse, damit überhaupt persönliche Verantwortung für die Folgen eigenen Tuns übernommen werden kann, andererseits stellt sich genau dann auch die Forderung, dies im vollen Maße zu tun. Hamlets berühmte Frage nach Sein und Nichtsein paraphrasierend, schreibt er: »Je organisierter [...] die Gesellschaft wird, in je kleineren Kreisen die Zusammengehörigkeit in Produktion, Konsum und Gemeindeleben die einzelnen solidarisch werden lässt, umso näher rückt die Stunde, in der man nur mehr die Wahl hat: Entweder feige die Augen zu schließen vor dem wahren Zusammenhang zwischen Menschenleben und Menschenleben und der Freiheit zu Gunsten irgendwelcher selbsterrichteter Mächte zu entsagen, oder aber kühn der Wirklichkeit in die Augen zu sehen, um mit der neuen Verantwortung auch die neue Freiheit endgültig zu erringen. Wer im Sozialismus mehr als eine Magenfrage, mehr als eine bloße Gerechtigkeitsforderung, wer in ihr das endgültige Programm der Emanzipation der Menschheit begrüßt, der kann und darf vor dieser höchsten Freiheit nicht zurückschrecken!« (Polanyi 2005b: 154)

Ausgehend von diesem Freiheitsverständnis ist Sozialismus für Polanyi vor allem eine Gesellschaft, in der die Menschen die Folgen ihres Handelns unmittelbar und direkt persönlich verantworten können und folglich auch müssen. Deshalb dürfe eine solche Gesellschaft nicht durch eine »unsichtbare Hand« gelenkt werden, sondern müsse weitgehend übersichtlich sein, damit die Zusammenhänge der Taten der Einzelnen und deren gesellschaftliche Konsequenzen überschaut werden können und folglich auch verantwortet werden müssen. Polanyi fügt seinen Vortrag abschließend hinzu: »Der Sozialismus als Sprung in die Freiheit darf aber nicht im historischen, sondern im logischen Sinne genommen werden. Jenseits der Gerechtigkeitsforderung in der klassenlosen Gesellschaft eröffnet sich erst dem Menschengeschlecht seine wahre Bestimmung: Es ist das die Verwirklichung der höchsten gesellschaftlichen und persönlichen Freiheit durch die konkrete Erfassung der Solidarität von Mensch und Mensch.« (ebd.: 164)

Für Polanyi war Sozialismus die einzige mögliche Verwirklichungsweise von Individualität und Freiheit, die sichert, dass diese Freiheit im Verhältnis zur Natur und zu den Mitmenschen auch ethisch verantwortet werden kann. Die liberale Vorstellung, dass die Verfolgung eigener Interessen autonomer Akteure aus sich heraus Dynamiken auslöst, die eine freie Gesellschaft hervorbringen und reproduzieren, hielt Polanyi für eine gefährliche Illusion, aus der genau jene Tendenzen erwachsen, die zum Faschismus führen. Dessen Nährboden sei die natur und gesellschaftszerstörende Kraft einer Marktgesellschaft. Der Faschismus sei eine Antwort auf diese Zerstörung. Darin läge auch seine große Durchsetzungskraft. Wenn, so Polanyi, die liberale Utopie einer sich selbst regulierenden Möglichkeit zwangsläufig in den Faschismus führe, dann müsse die Marktgesellschaft transformatorisch überwunden werden.

Polanyis Lösungsansätze für die Widersprüche seiner Zeit in einer neuen Großen Transformation

Karl Polanyi hat es vermieden, einen Gesamtentwurf einer idealen Gesellschaft zu zeichnen. Er hatte Mises' Lektion gelernt. Er sah sich auf der Suche und hoffte, große Kräfte seiner Zeit seien auf seiner Seite. Im Spannungsfeld von individueller Freiheit und menschlicher Würde einerseits sowie der Komplexität moderner

Gesellschaften andererseits suchte er die Verwirklichungsbedingungen einer Emanzipation zu definieren, die nicht die Bedingungen ihrer eigenen Ermöglichung negiert. Polanyi folgt dem Gestus belehrter Unwissenheit, wie ihn zuerst Nikolaus von Kues prägte (vgl. Kues 2002) und definiert Sozialismus vor allem durch eine positive Negation. Diese Definition möglicher Alternativen durch Negation ist dreifach: Erstens kritisiert Polanyi die liberale Idee einer freien Marktwirtschaft als Dystopie, die die Grundlagen der Zivilisation – Arbeit, Natur und Geld – zerstört. Der Gesamtwille könne sich nicht auf die bloße Absicherung privater Freiheiten reduzieren, ohne dabei die Freiheit selbst zu gefährden. Zweitens erteilt er dem Faschismus eine Absage, da dieser die Freiheit selbst beseitige. Und drittens wendet er sich gegen die Reduktion moderner Gesellschaften auf freie Gemeinschaftsbeziehungen. Spätestens seit der Industrialisierung sei die Komplexität der Gesellschaft irreversibel. Man könnte auch von drei historischen Apriori (siehe Foucault 1981: 184 f.) der emanzipatorischen Vision Polanyis sprechen, die er aus seiner Analyse der Krisen der ersten Hälfte des 20. Jahrhunderts gewinnt.

Es ist zugleich merkwürdig und erschreckend, dass in der Rezeption von »The Great Transformation« die »bange Frage« des Autors völlig übersehen wird, die dem Werk zugrunde liegt und seine eigentliche Originalität ausmacht: »[...] ist Freiheit ein leeres Wort, eine Versuchung, die den Menschen und seine Werke zerstören muss [wie im Liberalismus – M. B.], oder kann der Mensch angesichts dieser Erkenntnis [der Realität komplexer Gesellschaften – M. B.] seine Freiheit wieder geltend machen und nach ihrer Verwirklichung in der Gesellschaft streben, ohne in einen ethischen Illusionismus zu verfallen?« (Polanyi 1978: 342) Polanyi hatte gehofft, dass »Geist und Inhalt der vorliegenden Untersuchung [seiner »The Great Transformation« – M.B.] [...] Hinweise auf eine mögliche Antwort« (Polanyi 1978: 342) geben möge.

An der Notwendigkeit und Unvermeidlichkeit eines Endes des liberalen Zeitalters konnte es für Polanyi keinen Zweifel geben. Und im Faschismus und Sozialismus sah er zwei realhistorische Anwärter auf ein Dahinter-Zurück oder Darüber-Hinaus. Die Richtung dieser ideologischen Strömungen hätte in seinen

Augen gegensätzlicher nicht sein können. Der Faschismus zieht Polanyi zufolge aus der gesellschaftszerstörenden Tendenz des Liberalismus die Schlussfolgerung, dass die Freiheit, die Einzigartigkeit des Individuums und die Einheit der Menschheit zerstört werden müsse (ebd.: 342 f.), um die Stabilität der Gesellschaft und des kapitalistischen Wirtschaftssystems zu erhalten.[4] Der Sozialismus dagegen würde der »Forderung des Menschen nach Freiheit« (ebd.: 343) in einer komplexen Gesellschaft zur Durchsetzung verhelfen. Im New Deal sah Polanyi vor allem einen Versuch, den Kapitalismus durch Anpassung zu bewahren. Den Visionär Keynes und sein Verständnis von liberalem Sozialismus nahm er nicht zur Kenntnis.

Ausgehend von einer Analyse der Rede Adolf Hitlers im Januar 1932 in Düsseldorf vor deutschen Industriellen und Konzernführern kam Polanyi zu dem Schluss, dass der Faschismus »die Politik abschaffen, die Wirtschaft absolutieren, von ihr aus den Staat ergreifen« (Polanyi 2005e: 219) wolle. Seine Schlussfolgerung ist: »*Das Eingreifen des Faschismus in diesem Sinne bedeutet demnach praktisch die Rettung des Kapitalismus*, und zwar mit Hilfe revolutionärer Umgestaltungen des gesamten Staats- und Gesellschaftssystems. Es ist nicht eine Rückkehr zum liberalen ›Laissez-faire‹ geplant, sondern eine Planwirtschaft, die jedoch nicht von einem den Unternehmern feindlich gegenüberstehenden demokratischen Staat, sondern von den die ›Wirtschaftsstände‹ regierenden Kapitalisten selbst geleitet wird.« (ebd.)

Sozialismus wie Faschismus ist nach Polanyi »ein aufs ›Totale‹ gerichteter Zug gemeinsam« (Polanyi 2005d: 219). Doch diese Ähnlichkeit könne nicht den »*Glaubenskrieg*« (ebd.: 221) zwischen Faschismus und Sozialismus verdecken. Der Bruch mit dem »primitiven, halbbewussten und unintegrierten gegenwärtigen

[4] »Der staatspolitische Inhalt des Faschismus ist […] nichts anderes als die Ausrottung des demokratischen Gedankens, demokratischer Einrichtungen, der gesellschaftlichen, wirtschaftlichen und politischen Formen demokratischer Gesittung. Der Gedanke der gesellschaftlichen Gleichheit und deren Einrichtungen, der Gedanke der staatsbürgerlichen Freiheit und ihre Einrichtungen, der Gedanke menschlicher Solidarität und ihre Einrichtungen sollen […] ausgemerzt werden« (Polanyi 2002b: 191).

Zustand« (Polanyi 2005j: 227) sei zwangsläufig: »Die schmerzhafte Wiedergeburt bricht unabhängig vom menschlichen Willen über uns herein. Aber was tatsächlich von uns, und von uns alleine abhängt, ist, ob uns diese Transformation die Gesellschaft auf ein höheres oder niedrigeres Existenzniveau als das gegenwärtige bringt. Ob sie mehr menschliche Freiheit und Gleichheit in einer Gemeinschaft bringen wird, in der die sozialistische Ökonomie nur den Rahmen einer ungleich wahrhaftigeren und umfassenderen Demokratie als der derzeitigen darstellt, oder ob es das Ende westlicher und christlicher Ideale in der menschlichen Zuchtfarm eines eugenisch verbesserten Kapitalismus unter einer faschistischen Schutzherrschaft bedeuten wird.« (ebd.: 228)

Demokratie und Kapitalismus seien unvereinbar, so Polanyis Lehre aus den Krisen der ersten Hälfte des 20. Jahrhunderts. Und auf diese Unvereinbarkeit gäbe es nur zwei Antworten. Der Faschismus beseitige die Demokratie und lasse den Kapitalismus unberührt (vgl. Polanyi 2005f: 236), aber es gäbe auch eine andere Lösung: »Sie bedeutet den Erhalt der Demokratie und die Überwindung des Kapitalismus. Dies ist die sozialistische Lösung. Denn genauso wie der Kapitalismus einer faschistischen Politik als seiner Ergänzung bedarf, so benötigt die Demokratie den Sozialismus als ihre Erweiterung. Sozialismus ist demokratisch, oder es gibt keinen Sozialismus.« (Polanyi 2005c: 236) Für Polanyi ist Sozialismus »in der Demokratie präformiert.« (Polanyi 1979: 96) Er sei »jenes ökonomische System, unter dem allein die Substanz des Individualismus in der modernen Welt erhalten werden kann.« (ebd.: 97) Von einem solchen System erhofft sich Polanyi die Annäherung an den »höchsten Idealzustand der gesellschaftlichen Freiheit«, in dem auch erst die »Persönlichkeit frei« sein kann, nämlich: (1) »Beherrschung der notwendigen Folgen der Vergesellschaftung«, (2) die »universelle Zielsetzung der Menschheit« auf einen »Menschheitsstaat«, eine »Menschheitswirtschaft« hin, sowie (3) »die endgültige Verantwortlichkeit für alle sozialen Auswirkungen unseres Daseins.« (Polanyi 2005l: 151)

Ausgehend von den genannten drei historischen Apriori jeder solidarischem Emanzipation, die er formulierte, versuchte Karl Polanyi mit großer Vorsicht Prinzipien abzuleiten, denen die

Politik seiner Überzeugung nach folgen müsse, damit jene Ursachen, die in die Katastrophe geführt hätten, überwunden werden. Entscheidend sei es, den »Vorrang der Gesellschaft« vor dem Wirtschaftssystem zu sichern, dies dürfe nicht mehr »selbstregulierend« sein (vgl. Polanyi 1978: 332). In »Masterplan of the Common Man«, einem Exposé von 1943 für ein Buch, das er nach Abschluss der »The Great Transformation« schreiben wollte, fasste er einige Vorschläge so zusammen:

»Regulierte Märkte bedeuten Märkte, für die es keine ergänzenden Märkte für Arbeit, Land und Geld gibt. | Sicherheit ist nur möglich in einer Gesellschaft, die reich genug ist, die Not zu bannen, ohne auch nur die Frage nach dem Motiv zu arbeiten überhaupt zu stellen. | Die Freiheit der willkürlichen Verweigerung von Erwerbsarbeit muss beschränkt sein. | Die Freiheit der willkürlichen Entlassung muss beschränkt sein. | Die Freiheit unbegrenzter Profite muss beschränkt sein. | Die unbegrenzten Rechte des Privateigentums müssen beschränkt sein. | Die am Gemeinwohl orientierten Formen von Unternehmen müssen gefördert werden. | Die plastische [gestaltbare – M. B.] Gesellschaft erreicht. Die hilflose Gesellschaft überwunden. | Das Konzept von Freiheit reformiert. Das Christentum transzendiert. | Die Philosophie des einfachen Mannes etabliert.« (Polanyi 2015: 127)

Man könnte auch von drei Korridoren sprechen, innerhalb derer Polanyi zufolge konkrete Projekte zu entwickeln seien, um von einer Marktwirtschaft zu einer solidarischen Gesellschaft der Freiheit überzugehen: (1) Herausnahme der »fiktiven Waren« aus den Märkten und damit Überwindung der Marktgesellschaft; (2) Deglobalisierung und Kooperation großer Wirtschaftsräume; (3) Schutz der Freiheit der Individuen durch demokratische Planung und Kontrolle der Wirtschaft. Es sind Suchprozesse in einer organischen Krise (Candeias 2014).

Herausnahme der »fiktiven Waren« aus den Märkten und Überwindung der Marktgesellschaft

Am bekanntesten ist die von Polanyi in den 1940er-Jahren stets wiederholte Forderung, die »fiktiven Waren« aus dem Markt herauszunehmen (zusammenfassend Polanyi 1978: 332 f.). In einem

Referat aus der zweiten Hälfte der 1920er-Jahre, das Karl Polanyi in Wien hielt, heißt es unter der Überschrift »Zur Sozialisierungsfrage/Zur Planwirtschaft«: »Die Möglichkeit der Sozialisierung gründet sich auf die zunehmende Übersichtlichkeit der Wirtschaft. Sie hat sich deshalb auf jene Elemente der Wirtschaft zu erstrecken, die infolge ihrer Übersichtlichkeit erfassbar geworden sind. Die Sozialisierung schafft auf diese Weise einen Rahmen der sozialisierten Wirtschaftselemente [Wirtschaftsrahmen, Rechenhaftigkeit], innerhalb welcher sich der Wirtschaftsprozess abspielt. Dieser Rahmen ist erst dann geschlossen, wenn er die Arbeitskräfte und die Rohstoffe umf[asst]. Infolge der Festsetzung der Löhne und der Rohstoffpreise [bestimmt so] das Gemeinwesen die entscheidenden Produktionsverhältnisse und damit die Grundlagen der Wirtschaft.« (Polanyi 2005f: 126) Damit wurde dezidiert Abschied genommen von jeder Vorstellung der zentralverwaltungswirtschaftlichen Planung oder auch von Sozialismus als reiner Naturalwirtschaft. In das Zentrum rückte die Bestimmung der Bedingungen der Nutzung der wirtschaftlichen Grundgüter des Lebens (von Polanyi Rahmengüter genannt).

Polanyi setzte in seinem genannten Referat der Vermarktlichung und Durchkapitalisierung der Gesellschaften ganz im Geiste des »Roten Wiens« (vgl. Jahn 2015) einerseits die schon genannte gesellschaftliche Kontrolle über die »Rahmengüter« und andererseits den Ausbau von Genossenschaften in Landwirtschaft, Handel und Handwerk, die Sozialisierung von Teilen des Großhandels und wichtiger Großindustrien, der Energieerzeugung sowie von Verkehr usw. entgegen und entwickelte daraus eine zusammenhängende Vision von Wirtschaftsdemokratie:

»Der Lohn- und Rohstoffrahmen zusammen mit der Sozialisierung der Massenbedürfnisse gewisser Handels- und Produktionszweige [Funktionswandel: das Schicksal des Marktes] führt zur: 1. Einengung des Marktes, in dem diesem die Rahmengüter einerseits, die lebenswichtigen Güter andererseits entzogen werden (Die Rahmenrohstoffe kommen mit Umgehung des Marktes zu direkter Aufteilung, teils auf die organisierten Konsumenten, teils an die organisierten verarbeitenden Industrien. Die lebenswichtigen Güter, wie Wohnungen, Lebensmittel werden überwiegend gemeinwirtschaftlich bewirtschaftet und mit der Umgehung des Marktes an den organisierten Konsum herangebracht.), 2. zielbewussten Beherrschung des so eingeengten Marktes durch gemeinwirtschaftliches Angebot und eben solche Nachfrage in den marktgängig gebliebenen Gütern.« (Polanyi 2005f: 128)

In »The Great Transformation« nannte Polanyi die Rahmengüter »fiktive Waren«. Dies sind für ihn Arbeit, Land und Geld. Sie seien im Unterschied zu realen Waren nicht für den Verkauf erzeugt. Auch Kultur wäre als eine weitere »fiktive Ware« zu nennen. Die zu seiner Zeit schon vorhandenen Ansätze der Einschränkung des Warencharakters dieser Güter will er radikalisieren. Zum Faktor *Arbeit* fordert er, dass die Existenzsicherheit von Menschen und ihre grundsätzlichen Entwicklungsbedingungen den Schwankungen der Märkte entzogen werden sollen: »Nicht nur die Arbeitsbedingungen in den Fabriken, die Arbeitszeit und die Vertragsbedingungen, sondern der Grundlohn selbst werden außerhalb des Marktes festgesetzt.« (Polanyi 1978: 332) Heute müsste der ganze Bereich von Sozialstaat und Reproduktionsökonomie hinzukommen. Grundlage wäre eine *care revolution* (vgl. Chorus 2013;vgl. Madörin 2006; vgl. Winker 2012). Es wären die Bedingungen der Überwindung einer erwerbsarbeitszentrierten Gesellschaft und Lebensweise zu nennen. Beim *Boden* seien die »wesentlichen Aspekte« aus dem Markt herauszunehmen; dies gelte auch für Grundnahrungsmittel und zentrale Rohstoffe. Angesichts der ökologischen Folgen von Industrialisierung, Urbanisierung und Globalisierung muss die Frage heute natürlich viel grundsätzlicher gestellt werden, als dies vor siebzig Jahren geschah. Die Reproduktion der natürlich-technologischen Bedingungen menschlichen Lebens auf der Erde muss die Bedingungen der Nutzung und Verwertung ihrer Ressourcen und ihrer Wiederzuführung zum irdischen Kreislauf dominieren.

Polanyi ist sich dabei bewusst: »Das Wesen des Eigentums erfährt natürlich als Folge dieser Maßnahmen eine tiefgreifende Veränderung, da dann keine Notwendigkeit mehr bestehen wird, Einkommen aus Besitzrechten unbegrenzt wachsen zu lassen, nur um Beschäftigung, Produktion und die Nutzung der Ressourcen in der Gesellschaft zu sichern.« (Polanyi 1978: 333) Hier wird das

Endes des Wachstumszwangs mitgedacht (vgl. Ax/Hinterberger 2013; Klingholz 2014; Mahnkopf 2013; Paech 2011). Die »Herausnahme der Kontrolle des Geldes aus dem Markt« (Polanyi 1978: 333) sieht er in den 1930er und 1940er-Jahren schon überall betrieben. Es sei der Übergang zu einer »funktionellen Finanzierung« zu beobachten. »Investitionslenkung« und »Regulierung der Sparrate« seien »zu Aufgaben der Regierungen geworden.« (Polanyi 1978: 333) Vieles davon wurde mit dem Übergang zum Finanzmarkt-Kapitalismus zurückgenommen. Spätestens mit der Krise von 2008 ist deutlich geworden, dass neue, sehr tiefgreifende Umgestaltungen der Finanz- und Steuersphäre anstehen (vgl. Flassbeck et al. 2013; vgl. u. a. Krugman 2008; Troost 2010). Es handelt sich um eine Transformation im Kapitalismus, die über diesen hinausweisen kann (siehe mit unterschiedlichen Schwerpunkten Land 2009; Demirovic 2012; Klein 2013).

Die Herauslösung der »fiktiven Waren« aus dem Markt bedeutete für Polanyi nicht, Märkte abzuschaffen, sondern wurde als Teil eines Prozesses gedacht, den er schon im 19. Jahrhundert am Wirken sah: »Die Gesellschaftsgeschichte des 19. Jahrhunderts war somit das Ergebnis einer Doppelbewegung. Während sich die Marktorganisation in Bezug auf echte Waren ausweitete, wurde sie in Bezug auf fiktive Waren eingeschränkt.« (Polanyi 1978: 112) Damit ist ein Widerspruch konzipiert, der in der »Great Transformation« nicht weiter ausgeführt wird: Die Regulation von Arbeit, Natur, Geld und Wissen muss, folgt man diesen Überlegungen, so erfolgen, dass Stabilität und Sicherheit der grundlegenden natürlichen, sozialen und kulturellen Bedingungen von Freiheit und Gerechtigkeit immer neu hergestellt werden, *und* sie muss zugleich natürliche, soziale und kulturelle Ressourcen *innerhalb des gesellschaftlichen Rahmens*, d. h. eingebettet, für wirtschaftliches und außerwirtschaftliches Handeln zur Verfügung stellen. Märkte, so Polanyi in deutlichem Bezug auf seine Beschäftigung mit der Position von Mises, würden weiter bestehen, »um die Freiheit der Konsumenten zu gewährleisten, die Nachfrageveränderungen aufzuzeigen, die Produzenteneinkommen zu beeinflussen und um als Instrument der volkswirtschaftlichen Rechnungsführung zu dienen.« (ebd.: 333) Die Fragen unternehmerischer Dynamik und der ständigen Rekombination der Ressourcen, auf die Schumpeter so nachdrücklich verwiesen hat (vgl. Schumpeter 2013), wurden nicht behandelt.

Deglobalisierung und Kooperation großer Wirtschaftsräume

Während Polanyis Position zu den »fiktiven Waren« und ihrer Herauslösung aus den Märkten stark rezipiert wurde, werden seine Überlegungen zu einer Politik der Pluralisierung der Gesellschaftsformen und weltwirtschaftlichen Heterogenisierung kaum beachtet. Er hatte schon in den Jahrzehnten vor dem Zweiten Weltkrieg Überlegungen zu einer Regionalisierung vor allem in Mitteleuropa unterbreitet (siehe u. a. Polanyi 2002c). 1943 schlägt er in der bereits genannten Ideenskizze »Common Man's Masterplan« als eine von zehn zu ergreifenden Maßnahmen vor, »dass der größte einzelne Schritt in Richtung auf Arbeitsteilung und der Ausdehnung von Friedensgebieten durch wesentlich autarke und wesentlich friedliche Imperien repräsentiert wird, deren Kooperation institutionell abgesichert wird, Imperien wie die USA, Lateinamerika, Großbritannien, die UdSSR und eine gleichfalls friedliche Föderation eines deutschen Mitteleuropas [er hat den Sieg Hitlerdeutschlands über Frankreich, Polen usw. vor Augen – M. B.], Chinas, Indiens und einiger anderer Regionen.« (Polanyi 2015: 124) Nach dem Krieg sieht er zwei Tendenzen am Wirken: zum einen den Versuch der USA, unter ihrer Hegemonie zu einem neuen System einer vereinheitlichten Weltwirtschaft zurückzukehren, wie es bis 1914 bestanden hatte, wenn auch mit etwas veränderten Spielregeln. Der Dollar sollte das Gold als Weltgeld ablösen. Entsprechende Vereinbarungen waren in Bretton Woods getroffen worden. Es gab andere Ansätze. Keynes Vorschläge einer viel weiter gehenden Regulierung, die deutlich mehr Raum für Eigenständigkeit gelassen und extremen Ungleichgewichten vorgebeugt hätten, wurden ignoriert (vgl. Cesarano 2006: 160ff.). Polanyi schreibt in diesem Zusammenhang: »Die Alternative zur reaktionären Utopie der Wall Street ist die bewusste Entwicklung neuer Instrumente und Organe des Außenhandels, des internationalen Kredit- und Zahlungsverkehrs, welche die Essenz regionaler Planung darstellen.«

(Polanyi 2003: 346) »Das neue, andauernde Muster der Weltereignisse«, so hofft er, sei »eines von regionalen Systemen, die nebeneinander bestehen.« (ebd.: 340) Solche großen regionalen Systeme könnten Polanyis Ansicht nach einerseits die globalisierte Marktgesellschaft mit ihren zerstörerischen Tendenzen hinter sich lassen und andererseits dazu beitragen, deren »Nebenprodukte«, »drei endemische politische Krankheiten – intoleranter Nationalismus, ein geringes Maß an Souveränität und ökonomische Nichtzusammenarbeit« (ebd.: 344) – zu überwinden, wie er sie vor allem mit Blick auf den Balkan studiert hatte.

Polanyi wollte die »institutionelle Gleichschaltung« der Staaten (wie sie für ihn mit dem Freihandel und Goldstandard verbunden war) beenden, bei der nur wenige Staaten wirklich souverän sind und viele nur über eine Quasisouveränität verfügen, die den Boden für einen rechten Nationalismus und den Faschismus bereitet – auch dies eine aktuelle Erfahrung. Eine Auflösung der vereinheitlichten globalen Marktwirtschaft, so Polanyi, sei die Grundlage für Föderationen über Nationalstaaten hinweg, so dass das »Ende der Marktwirtschaft (als Marktgesellschaft M. B.) sehr wohl wirksame Zusammenarbeit plus innenpolitische Freiheit bedeuten« (Polanyi 1978: 335) könne. Die schon Ende der 1990er-Jahre deutlich werdende Krise der Globalisierung und US-Hegemonie, der Aufstieg von China, Indien und weiteren Staaten und Regionen in der Weltwirtschaft sowie auch die Erschütterungen in der EU verweisen darauf, dass es neuer Ansätze der Verbindung von globaler Kooperation, transnationalen Fertigungsketten und stabilen weltwirtschaftlichen Arrangements einerseits und hoher Eigenständigkeit von Staaten und vor allem Großregionen bei der Verfolgung sozialer, wirtschaftlicher, ökologischer und politischer sowie nicht zuletzt kultureller Ziele andererseits bedarf. Es geht also um ein plurales System der Weltwirtschaft, das der Pluralität der Gesellschaften (lokal, regional, national und supranational) entspricht, wie es unter dem Stichwort der De-Globalisierung seit Ende der 1990er-Jahre u. a. von Walden Bello entwickelt wurde (vgl. Bello 2005; siehe auch die neueren Ansätze von Novy 2017).

Schutz der Freiheit der Individuen durch demokratische Planung und Kontrolle der Wirtschaft

Die Gesamtheit der Intentionen Polanyis kann man auch mit der Vorstellung zusammenfassen, die Wirtschaft und alle gesellschaftlichen Verhältnisse freiheits- und demokratiefähig zu machen, den dafür notwendigen gesellschaftlichen Zusammenhalt und die natürlichen Lebensbedingungen zu erhalten und dafür die organisierte staatliche Macht gezielt einzusetzen. Seine Grunderfahrung der 1930er-Jahre ist: »Die Hartnäckigkeit, mit der die Anhänger des Wirtschaftsliberalismus in einem kritischen Jahrzehnt autoritäre Interventionen im Dienst einer Deflationspolitik unterstützt hatten, führte [...] zu einer entscheidenden Schwächung der demokratischen Kräfte, die ansonsten vielleicht die faschistische Katastrophe hätten abwenden können. Großbritannien und die Vereinigten Staaten – Herren und nicht Diener ihrer Währungen – gingen rechtzeitig vom Goldstandard ab, um dieser Gefahr zu entgehen.« (Polanyi 1978: 311) Innerhalb einer Marktgesellschaft stehen ihm zufolge wirtschaftliche und soziale Interessen, Unternehmertum und Arbeiter, internationale Kooperation und nationale Souveränität in einem antagonistischen Konflikt zueinander (vgl. dazu Polanyi 1979; Polanyi 2005c; Polanyi 1978: 312f.). Autoritäre Versuche der Bewahrung der globalisierten Marktgesellschaft und des Kapitalismus einerseits und die demokratische Verteidigung sozialer Mehrheitsinteressen andererseits, oft auch kurzfristig und unter Absehung von der Wettbewerbsfähigkeit und ökonomischen Stabilität vorgenommen, hätten die Zivilisationskrise befördert, aus der heraus sich dann in Mittel- und Südeuropa der Faschismus siegreich durchsetzte. Der Faschismus sei ein Produkt der Marktgesellschaft. Die fehlende Bereitschaft, in die wirtschaftlichen Verhältnisse durch »Planung, Regelung und Kontrolle« einzugreifen, habe den Faschismus ermöglicht. Der Liberalismus habe sich auf diese Weise selbst zerstört: »Die völlige Vernichtung der Freiheit durch den Faschismus ist in der Tat das unausweichliche Ergebnis der liberalen Philosophie.« (ebd.: 340)

Polanyi verband ein Bekenntnis zur Freiheit mit der Forderung, die organisierte staatliche Macht demokratisch einzusetzen, um die Kontrolle über das Wirtschaftsleben zu erlangen, und die Erzeugung der wirtschaftlichen Gebrauchswerte am Abbau von Ungerechtigkeiten und Unfreiheiten auszurichten. Dem Liberalismus warf er vor, die Freiheit nur als Privileg weniger zu vertreten, nämlich jener, die über die Möglichkeiten verfügen, sich gegen die Risiken der Marktwirtschaft abzusichern: »Die institutionelle Trennung von Politik und Wirtschaft [...] brachte fast automatisch Freiheit auf Kosten von Gerechtigkeit und Sicherheit hervor.« (Ebd.: 336f.) Zugleich seien in dieser bornierten Form Freiheiten entstanden, »die zu bewahren von höchster Wichtigkeit« (ebd.: 336) ist, die um ihrer selbst zu schätzen sind. Er wollte institutionelle Barrieren schaffen, die das »Recht auf Nonkonformismus« (Polanyi 1978: 337) schützen, soziale Sicherheit gewährleisten und die eigenständige Lebensgestaltung ermöglichen. Man brauche »Bereiche unumschränkter Freiheit [...], die durch eiserne Regeln geschützt sind«. (Ebd.: 338) Dies bedeutete für ihn auch: »Die persönliche Freiheit muss um jeden Preis bewahrt werden, auch um den Preis der Effizienz in der Produktion, der Wirtschaftlichkeit in der Konsumtion oder der Zweckmäßigkeit in der Verwaltung. Eine Industriegesellschaft kann es sich leisten, frei zu sein.« (Ebd.: 339) Er forderte die Ausdehnung der Bürgerrechte auf soziale Rechte, wobei das »Recht des einzelnen auf Arbeit unter akzeptablen Bedingungen« (ebd.: 338) an der Spitze stehen müsse. Unter diesen Bedingungen könnten dann Regelung und Kontrolle »Freiheit nicht nur für die wenigen, sondern für alle verwirklichen«. (Ebd.: 339)

***

Karl Polanyi hat mit seinen Ausführungen zur »Freiheit einer komplexen Gesellschaft« in »The Great Transformation« keine fertigen Lösungen unterbreitet, sondern Richtungsvorschläge vorgelegt, die über die Marktgesellschaft hinausweisen und im völligen Gegensatz zum Faschismus stehen. Sein sehr besonderes Freiheitsverständnis, seine Überlegungen, der Komplexität moderner Wirtschaften Rechnung zu tragen und gleichzeitig die Unterwerfung der gesellschaftlichen Reproduktion unter Markt- und Verwertungszwänge zu überwinden, sind bleibende

Herausforderungen. Er sah dies untrennbar mit einer sozialistischen Perspektive verbunden, denn: »Sozialismus ist dem Wesen nach die einer industriellen Zivilisation innewohnende Tendenz, über den selbstregulierenden Markt hinauszugehen, indem man ihn bewusst einer demokratischen Gesellschaft unterordnet.« (Ebd.: 311) Für ihn war Sozialismus praktizierte Freiheit. Das aber ist nun wahrlich eine unvollendete, vielleicht sogar weitgehend unverstandene Aufgabe.

Kapitel 5
Sozialismus als solidarische Austragung des Widerspruchs freier Entwicklung der Einzelnen und freier Entwicklung Aller

Im linken Diskurs wird der Terminus Sozialismus für Gesellschaften benutzt, die durch eine emanzipatorische und solidarische Aufhebung des Kapitalismus entstehen (siehe zum Problem der Verwendung des Terminus Sozialismus Dörre 2021: 27–36; zur Begriffsgeschichte siehe Schieder 2004). Zuerst wurde das Wort Sozialisten als Selbstbezeichnung durch die Anhänger Robert Owens benutzt (Grünberg 1912; Müller 1967: 66). Er hatte Sozialismus als soziales System der Kooperation begründet, in dem Menschen sich frei und solidarisch entfalten können. Es ist deshalb auch nicht zufällig, dass für den Terminus Sozialismus oft auch der Begriff solidarische Gesellschaft (Altvater/Sekler 2006; Duchrow et al. 2006; Elsen 2011; Institut Solidarische Moderne 2011; Huber 2013; Pfriem 2021) verwendet wird. Zur weiteren Präzisierung von Sozialismus werden auch Adjektive wie feministischer, ökologischer, grüner, demokratischer, solidarischer Rätesozialismus benutzt. Schon diese Inflation von Adjektiven verweist auf das Problem einer möglichen inhaltlichen Unterbestimmtheit oder sogar Leere des Sozialismusbegriffs. Peter Hudis hat m. E. völlig recht: »Heute stehen wir vor einer ernsten Krise. Mit ›wir‹ meine ich diejenigen, die den Kapitalismus herausfordern und überwinden wollen. Mit ›Krise‹ meine ich nicht nur den heutigen schweren politischen und wirtschaftlichen Rückschritt, sondern auch das Fehlen einer adäquaten Konzeption unseres Ziels – einer nichtkapitalistischen Gesellschaft –, die dem Handeln eine Richtung geben kann. […] Gerade dann, wenn wir eine Alternative, die die Massen ansprechen kann, am meisten brauchen, besitzen wir sie am wenigsten.« (Hudis 2021: 3, 4)

Lange herrschte die Überzeugung vor, dass Sozialismus eine Gesellschaft des gesamtgesellschaftlichen Eigentums ist, das demokratisch durch die Gesamtheit der Mitglieder dieser Gesellschaft zu eigenen Zwecken gemeinsam verwaltet wird. Damit war die Erwartung verbunden, dass unter den Bedingungen der Überführung aller Produktionsmittel in die Hände der Gesellschaft der Widerspruch zwischen den Interessen der Einzelnen, der Kollektive und der Gesamtgesellschaft, wenn nicht sofort verschwindet, so doch schnell abstirbt. Während der klassische Liberalismus annahm, dass das größtmögliche Gemeinwohl aller dadurch erreicht wird, dass jeder Einzelne vor allem seine eigenen Interessen verfolgt, ging der klassische Kommunismus davon aus, dass der freien Entwicklung der Individuen vor allem dadurch am besten gedient ist, wenn die Wirtschaft auf der Grundlage eines umfassenden Gemeineigentums zentral organisiert wird. Die historische Erfahrung hat aber gezeigt, dass schon im Ausgangspunkt fundamentale Widersprüche begraben sind. Sie haben sich in der Geschichte des Sozialismus hinter dem Rücken der Sozialistinnen und Sozialisten zur Geltung gebracht und diese überwältigt. In der Folge werden Menschen genau durch jene Verhältnisse beherrscht, die sie mit besten Absichten hervorgebracht haben.

Viele Versuche, eine sozialistische Vision zu entwickeln, folgen auch heute noch einer falschen Utopie der Widerspruchsfreiheit. Sozialismus wird diesem Verständnis nach nicht durch eigene grundlegende Widersprüche konstituiert, sondern basiert auf widerspruchsfreier Identität. Was aber keine Widersprüche in sich enthält, ist nicht lebensfähig. Ich versuche im Weiteren deutlich zu machen, dass Sozialismus gerade deshalb gebraucht wird, um die unaufhebbaren Widersprüche komplexer Gesellschaften anders als der Kapitalismus auszutragen. Der an Sozialismus zu stellende Anspruch ist es aus meiner Sicht, nicht den vergeblichen Versuch zu unternehmen, die Widersprüche der modernen komplexen Gesellschaften zum ›Absterben‹ zu bringen, sondern sie sozial, ökologisch, demokratisch und friedlich auszutragen.

Wenn eine sozialistische Gesellschaft und die Bewegung zu ihr nicht in der ihr eigenen Widersprüchlichkeit begriffen wird, ist die Gefahr groß, dass entweder einer falschen Utopie der Widerspruchsfreiheit hinterhergejagt wird, die in einer Katastrophe mündet, oder aber sozialistische Politik bestenfalls bei einer bloßen Reform im Rahmen des Kapitalismus selbst verbleibt und

Sozialismus zu einem leeren Wort verkommt. Vor allem aber verstrickt sich eine sozialistische Bewegung, die ihre eigenen Widersprüche nicht anerkennt und reflektiert, in falschen Gegensätzen, zerfällt in feindliche Lage und geht an den eigenen, nicht solidarisch bearbeiteten Widersprüchen zugrunde. Die in vorhergehenden Kapiteln dargestellten Versuche der Neubegründung von Sozialismus artikulieren implizit oder auch explizit eine Reihe von Widersprüchen einer angestrebten sozialistischen Ordnung. Sie vermeiden es aber, diese Widersprüchlichkeit im Begriff des Sozialismus selbst zu verorten. Vor allem in dieser Frage unterscheidet sich das weitere Herangehen dieses Buches.

Das Folgende ist ein Gedankenexperiment, man könnte auch sagen, eine Kopfgeburt. Nur sollte dies nicht so verstanden werden, dass solche Experimente bedeutungslos sind. Im Gegenteil: Sie eröffnen Denkräume, die zu Handlungsräumen werden können, wenn Akteure sich ihrer bemächtigen. Es sei auf John Lockes Gedankenexperiment von der Begründung einer bürgerlichen Gesellschaft aus dem Handeln autonomer Privateigentümer verwiesen (vgl. Locke 1980) oder auf Adam Smith' Vision einer immer reicheren Gesellschaft, die auf sich stets entfaltender Arbeitsteilung und dem ungehinderten Wirken der unsichtbaren Hand des Marktes beruht (vgl. Smith 1976). Auch die Visionen von Marx oder Lenin waren geschichtlich folgenreich.

Ausgangspunkt der weiteren Überlegungen sind jene Widersprüche, die in realen demokratischen und emanzipatorischen Bewegungen ständig auftauchen. Es sind die Widersprüche zwischen gesellschaftlicher und individueller Entwicklung, zwischen Freiheit der Einzelnen und der gemeinsamen Freiheit Aller, zwischen Gemeinschaftlichkeit und sachlichen Beziehungen der Gesellschaftlichkeit, zwischen Leben mit und in der Natur und Nutzung ihrer Ressourcen, zwischen Solidarität im engeren und Solidarität im weiteren Sinne, zwischen Heimat und offener Gesellschaft, zwischen Markt und Plan, individuellem und gesellschaftlichen Eigentum und der Pluralität von Besitzformen, direkter und repräsentativer Demokratie, Veränderung von unten und mittels des Staates von oben, zwischen Spontaneität und Bewusstheit, Massenbewegung und Avantgardismus.

Die Liste der Widersprüche ließe sich lange fortsetzen. Die weiteren Überlegungen sind der Versuch, sie aus einem spezifischen Verständnis von Sozialismus zu begründen und nicht als bloßes Nebeneinander abzuhandeln. Nur die offene Diskussion kann zeigen, was für oder auch gegen diesen Versuch spricht.

Die zwei Formen des Reichtums

Ich beginne mit der Suche nach den Widersprüchen des Sozialismus und habe mir die Frage gestellt, ob es möglich ist, eine »allgemeine Formel« des Sozialismus zu bestimmen. Dabei habe ich mich von Marx' Werk »Das Kapital« inspirieren lassen. Bei Marx definiert die »allgemeine Formel des Kapitals« das abstrakte allgemeinste Bewegungsgesetz einer kapitalistischen Produktionsweise, das Ziel, dem die Bewegung aller Menschen und Güter in einer solchen Produktionsweise letztlich untergeordnet ist. Ich werde also nicht an den vielen Überlegungen zu einer nachkapitalistischen Gesellschaft anknüpfen, die Marx im »Kapital« entwickelt hat (siehe Wygodski 1978; siehe Brie 2009b), sondern fragen, ob Marx' Weise, sich der Bestimmung der kapitalistischen Produktionsweise zu stellen, hilfreich sein kann, Grundmerkmale einer anderen, einer sozialistischen Produktionsweise zu skizzieren. Ich gehe dabei davon aus, dass Marx in seiner Analyse der kapitalistischen Produktionsweise sich zugleich methodologische Fragen gestellt hat, die bei der Analyse *jeder* Produktionsweise zu beachten sind. Eine solche methodologische Frage ist: Womit beginnen? (Vgl. dazu Haug 1974) Ich werde versuchen, auf diese Weise das allgemeine, das abstrakteste Bewegungsgesetz einer sozialistischen Gesellschaft zu finden.

Marx begann sein Hauptwerk mit dem folgenden Satz: »Der Reichtum der Gesellschaften, in welchen kapitalistische Produktionsweise herrscht, erscheint als eine ›ungeheure Warensammlung‹, die einzelne Ware als seine Elementarform.« (Marx 1890: 49) Dieser Satz enthält eine Reihe von Begriffen, die jeweils eine besondere Bedeutung haben. Ausgehend von einem solchen Herangehen könnte man sagen, dass jede Gesellschaft einen ihr eigenen Typ von Reichtum hat, den sie hervorbringt und in dem sich ihr Wesen ausdrückt. Es wird angenommen, dass dieser Reichtum in jeder besonderen Gesellschaftsformation eine »Elementarform« hat. So bewertet eine kapitalistische Gesellschaft bis heute ihre Leistungskraft vor allem am Bruttosozialprodukt, d. h. am Gesamtpreis aller erzeugten Waren.

Wenn es die Masse der Waren ist, durch die sich der Reichtum einer kapitalistischen Gesellschaft misst, worin misst sich der »Reichtum einer guten Gesellschaft« jenseits des Kapitalismus? Wie erscheint er? Im ersten Teil war schon auf eine Umfrage unter Menschen eingegangen, die gleichermaßen die DDR wie die Bundesrepublik erlebt haben. Die Antworten waren klar: eine gute Gesellschaft ist eine, die hohe persönliche Gestaltungsfreiheit mit politischer Meinungs- und Gestaltungsfreiheit verbindet und zugleich reiche zwischenmenschliche Beziehungen, Freiheit von sozialer Unsicherheit, Schutz vor Arbeitslosigkeit garantiert, allen den freien Zugang zu guter Arbeit, Bildung, Gesundheit, Wohnen und Verkehr in einer intakten Umwelt sichert. Es wird ein Beitrag zur globalen Solidarität gefordert. An anderer Stelle haben Dieter Klein und ich gemeinsam mit Kolleginnen und Kollegen im Umfeld der Rosa-Luxemburg-Stiftung das Konzept der Freiheitsgüter als Maßstab sozialistischen Reichtums entwickelt (vgl. Klein 2003). Der Reichtum einer »guten Gesellschaft« hat im Alltagsverständnis der Mehrheit der Bürgerinnen und Bürgern, folgt man diesen Umfragen, nicht einen, sondern zwei (!) Bezugspunkte – es sind erstens die Freiheitsmöglichkeiten und unmittelbaren Lebensbeziehungen der Einzelnen und zweitens die gemeinschaftlichen Güter, die ein gutes Leben in Solidarität möglich machen. Wollte man solche Auffassungen in einen Satz bringen, der sich auf eine sozialistische Produktionsweise bezieht und dem ersten Satz von Marx' »Das Kapital« analog ist, dann könnte dieser Satz so heißen: *Der Reichtum der Gesellschaften, in welchen sozialistische Produktionsweise herrscht, erscheint einerseits als Reichtum an Möglichkeiten freier Entfaltung der Individuen in den zwischenmenschlichen Beziehungen und andererseits als Reichtum der natürlichen, sozialen und kulturellen Gemeingüter, die allen gemeinsam zur Verfügung stehen.*

Anstelle der *einen* abstrakt-gemeinsamen Erscheinungsform des Reichtums in kapitalistischen Gesellschaften – Reichtum der

Waren – hat der Reichtum in einer sozialistischen Gesellschaft, folgt man dem hier gewählten Ansatz, eine *doppelte* Erscheinungsweise und *zwei* Elementarformen. Er erscheint einerseits als Reichtum individueller Entfaltungsmöglichkeiten und andererseits als Reichtum gemeinschaftlicher Güter des Gesellschaftskörpers. Insofern hat John Stuart Mill unrecht, wenn er schreibt: »Der Wert eines Staates ist auf lange Sicht der Wert der Individuen, die ihn bilden.« (Mill 1974: 157) Nur in einer Gesellschaft mit entwicklungsbegünstigenden Institutionen *und* einem Reichtum der Gemeingüter können sich Menschen als Einzelne umfassend entwickeln. Es ist ein Wechselverhältnis. Die Institutionen und Gemeingüter haben einen eigenen Wert, ohne den die Individuen bitterarm sind.

Dieter Klein formuliert den Reichtumsbegriff einer sozialistischen Gesellschaft so: »Persönlichkeitsentfaltung einer und eines jeden in Einklang mit der universellen Erhaltung der Natur anstelle höchstmöglichen Profits, das kann als der archimedische Punkt einer gerechten solidarischen Gesellschaft, eines demokratischen grünen Sozialismus, und des Weges dahin betrachtet werden.« (Klein 2013: 65) Es sei ergänzt: es sind eigentlich zwei archimedische Punkte, die verbunden werden müssen. Beim Reichtum der individuellen Persönlichkeitsentwicklung einerseits und dem Reichtum der Natur und anderer gemeinschaftlicher Fundamente menschlichen Lebens andererseits handelt es sich um deutlich voneinander unterschiedene, aber aufeinander bezogene, untrennbar voneinander abhängige Pole des Reichtums. Der eine Pol befindet sich aufseiten der Individuen, der andere aufseiten der Gesellschaft als Ganzer. Der Hebel, die kapitalistische Welt sozialistisch zu transformieren, muss an beiden Punkten zugleich angesetzt werden.

Folgt man dieser Position, so wird klar, dass ein modernes Sozialismusverständnis weder allein aus dem Begriff der individuellen Freiheit noch aus dem der freien Gemeinschaftlichkeit heraus entwickelt werden kann. Beide Versuche sind historisch gescheitert. Sozialismus ist nicht einfach zu haben, sondern nur dialektisch. Wenn Sozialismus entsteht, dann als solidarische Vermittlung der Widersprüche zwischen individueller Freiheit und freier

Gemeinschaftlichkeit komplexer Gesellschaften in einer pluralen Welt, eingebettet in vielfältigste Naturzusammenhänge. Die Pole des Individuellen wie des Gemeinschaftlichen sind jeder dem anderen ein »wesensnotwendiger Gegenspieler« (Plessner 2003a: 48) und können sich selbst nur in dieser Wechselseitigkeit erhalten. Dem muss in der Suche nach einer allgemeinen Formel des Sozialismus Rechnung getragen werden.

Die These, dass der Reichtum einer »guten« oder eben sozialistischen Gesellschaft zwei grundsätzlich voneinander unterschiedene elementare Erscheinungsformen hat, ist keinesfalls eine Selbstverständlichkeit. Die liberale westliche Tradition stellt die Freiheit der Individuen ins Zentrum. Diese individuelle Freiheit gilt als absoluter Wert. Individuelle Freiheit dürfe nur eingeschränkt werden, wenn die Freiheit anderer Individuen beeinträchtigt wird. Die Maximierung der Freiheit der Einzelnen wird als das letztlich entscheidende gesellschaftliche Ziel angesehen. Liberalismus beruht auf der Annahme, dass diese individuelle Freiheit in der letzten Konsequenz auch die Freiheit aller hervorbringt. Entscheidende Bedingung dieser Freiheit sei das Privateigentum. Die kommunistische Grundströmung der Moderne hat im Gegensatz zum Liberalismus immer den Schutz und die Entwicklung der gemeinschaftlichen Grundlagen des Lebens und ihre Kontrolle durch die vereinigten Gesellschaftsmitglieder ins Zentrum gerückt. Insofern die Freiheit Einzelner dieser Gemeinschaftlichkeit widersprach, sollte sie keine Entfaltungsmöglichkeiten bekommen. Es wurde davon ausgegangen, dass durch die Gestaltung der gemeinschaftlichen Bedingungen und des damit verbundenen gemeinschaftlichen Reichtums sich in der Perspektive auch jede und jeder Einzelne frei würde entfalten können. Hier erscheint die Freiheit Aller als Bedingung der Freiheit jeder und jedes Einzelnen. Als wesentliche Grundlage wurde das Gemeineigentum angesehen.

Marx hatte seine eigenen Vorstellungen vom Reichtum in einer kommunistischen Gesellschaft in den Vorarbeiten zum »Kapital« so formuliert: »In fact aber, wenn die bornierte bürgerliche Form ab gestreift wird, was ist der Reichtum anders, als die im universellen Austausch erzeugte Universalität der Bedürfnisse,

Fähigkeiten, Genüsse, Produktivkräfte etc. der Individuen?« (Marx 1983: 395f.) Und zugleich wusste er auch um einen anderen Reichtum, wenn er fast zeitgleich an anderer Stelle schrieb: »Selbst eine ganze Gesellschaft, eine Nation, ja alle gleichzeitigen Gesellschaften zusammengenommen, sind nicht Eigentümer der Erde. Sie sind nur ihre Besitzer, ihre Nutznießer, und haben sie als boni patres familias den nachfolgenden Generationen verbessert zu hinterlassen.« (Marx 1894: 784) So sind sie mit der Vergangenheit und Zukunft jener Gemeinschaften verbunden, in denen sie leben. Der »wahre« Reichtum hat für Marx nicht nur zwei Pole – reiche Entwicklung der gesellschaftlichen Individualität sowie reiche, natürliche und gesellschaftliche Gemeingüter – sondern auch zwei Quellen: Die Tätigkeit der jetzt lebenden, in gesellschaftlichen Zusammenhängen wirkenden Individuen und das überkommene natürliche und gesellschaftliche Erbe. Er hat es 1875 so ausgedrückt: »Die Arbeit ist *nicht die Quelle* alles Reichtums. Die *Natur* ist ebensosehr die Quelle der Gebrauchswerte«. (Marx 1987: 15)

Nicht eine, sondern zwei allgemeine Formeln des Sozialistischen

Marx entwickelte im »Kapital« ausgehend von dem schon zitierten ersten Satz über die Ware als Elementarform des Reichtums in kapitalistischen Gesellschaften eine Theorie der Ableitung des Geldes aus dem Austausch von Waren. In der Geldform würden sich die Werte der Waren als ihrem allgemeinen Äquivalent ausdrücken und in selbständiger Form erscheinen. Geld ist für Marx so zunächst vor allem Mittel, den Austausch von Waren zu vermitteln. Er drückte dies so aus: Ware (W) → Geld (G) → Ware (W). Wer im Resultat dieses Prozesses über Geld verfügt, kann, so Marx, aber auch einen anderen Prozess auslösen. Es ist der Einsatz von Geld, um mehr Geld herauszuschlagen. Dies mache aber für den Geldbesitzer nur Sinn, wenn er ein Mehr an Wert, sprich Geld, herausschlagen kann. Es werden Waren ge- und verkauft, um das für den Kauf vorgeschossene Geld zu vergrößern. So wird Geld zu Kapital. Marx schrieb: »Die vollständige Form dieses Prozesses ist daher G – W – G', wo G' = G +

ΔG, d.h. gleich der ursprünglich vorgeschossenen Geldsumme plus einem Inkrement. Dieses Inkrement oder den Überschuss über den ursprünglichen Wert nenne ich – Mehrwert (surplus value).« (Marx 1890: 165)

Ausgehend davon stellte Marx folgende These auf, die bis heute ein wesentlicher Teil jeder Definition dessen ist, was unter Kapital verstanden wird: »Der Wert wird also prozessierender Wert, prozessierendes Geld und als solches Kapital. Er kommt aus der Zirkulation her, geht wieder in sie ein, erhält und vervielfältigt sich in ihr, kehrt vergrößert aus ihr zurück und beginnt denselben Kreislauf stets wieder von neuem. [...] In der Tat also ist G – W – G' die allgemeine Formel des Kapitals, wie es unmittelbar in der Zirkulationssphäre erscheint.« (Marx 1890: 170) Diese allgemeine Formel drückt *das Ziel* jedes kapitalistischen Reproduktionszusammenhangs aus: Es geht im Kapitalismus immer um die Selbstverwertung, sprich: die erweiterte Reproduktion des vorgeschossenen Kapitals. Wenn dieses Ziel die Wirtschaft einer Gesellschaft beherrscht, herrscht in ihr die kapitalistische Produktionsweise. Und wenn diese Produktionsweise die Gesellschaft dominiert, spricht man von Kapitalismus.

Ausgehend von dieser allgemeinen Formel des Kapitals versuchte Marx im Weiteren das Problem zu lösen, wie ohne Verletzung der immanenten Gesetze des Warenaustauschs, die den Austausch von Äquivalenten, also von Gleichem, verlangen, die Entstehung von Mehrwert möglich ist. Marx versuchte nachzuweisen, wie aus der Freiheit und Gleichheit von Eigentümern von Waren die Klassenverhältnisse einer kapitalistischen Gesellschaft, das Verhältnis von Kapitaleigentümern und Lohnarbeitern, entsteht und die gesamte Wirtschaft wie die Gesellschaft letztlich der Kapitalverwertung unterworfen wird. Was anfangs nur als Vermittler von Warenverhältnissen erscheint, das Geld als dienstbares Mittel, wird zu Kapital, und der Vermittler wird zum Beherrscher des Gesamtprozesses, so seine These.

Per Definition sollte Sozialismus nicht durch eine derartige Verkehrung der Ausgangsverhältnisse in ihr Gegenteil gekennzeichnet sein. Auch sollte sich nicht die Situation der staatssozialistischen Länder wiederholen, in der es dazu kam, dass sich die

Bürgerinnen und Bürgern durch jene parteistaatlichen Organe unterwarfen sahen, die sie doch nur vertreten sollten. Eine Ursache dieser Verkehrung war die kommunistisch inspirierte Verabsolutierung des gemeinschaftlichen und die Negierung des individuellen Ausgangspunkts des Sozialismus. Es sollte sich aber auch nicht eine Situation wiederholen, in der die sozialen und demokratischen Errungenschaften sozialdemokratischer Politik durch eine neue Welle der Verabsolutierung des Liberalen (in den 1980er Jahren und danach als Neoliberalismus) zurückgenommen werden können. Auch hier kam es zur Verkehrung, die in dem Konzept von New Labour oder der Agenda 2010 gipfelte. Anders ausgedrückt: Die Formen, in denen der Widerspruch zwischen dem individuellen und dem gemeinschaftlichen Ausgangspunkt des Sozialismus vermittelt wird, sollen den entstehenden Gesamtzusammenhang nicht ins Gegenteil verkehren. Die historischen Erfahrungen zeigen, dass dafür die Bewahrung und Stärkung *beider* Fixpunkte sozialistischen Reichtums und ihre emanzipatorische und solidarische Vermittlung entscheidend sind.

Marx entwickelte im »Kapital« die Gesamtheit der kapitalistischen Produktionsverhältnisse ausgehend von der Analyse der Verhältnisse, die aus dem Austausch von unterschiedlichen Waren nach dem Prinzip der Äquivalenz der in ihnen enthaltenen abstrakten Arbeit, sprich: des Werts, entstehen. Eine sozialistische Gesellschaft ihrerseits geht nicht vom Austausch von Äquivalenten aus. *Die elementare Grundform der Verhältnisse einer sozialistischen Gesellschaft ist die Solidarität.* Solidarität ist dann gegeben, wenn im Austausch eine wechselseitige Bereicherung der Partner der Kooperation stattfindet und vor allem die Lage der am schlechtesten gestellten Gesellschaftsmitglieder verbessert wird.

Ich war davon ausgegangen, dass der Reichtum von Gesellschaften, in denen eine sozialistische Produktionsweise herrscht, in zwei elementaren Grundformen erscheint: als Reichtum individueller Entwicklung und als Reichtum der natürlichen wie kulturellen Gemeingüter. Wie aber kann die Reproduktion dieser zwei Gestalten von Reichtum so in Formeln ausgedrückt werden, dass dabei deutlich wird, dass beide Reichtumsformen gleichzeitig gefördert werden? Im Sozialismus, so die Annahme, steht die Entwicklung beider elementaren Reichtumsformen in keinem antagonistischen Verhältnis zueinander. Es ist nicht so, dass sich die eine Seite auf Kosten der anderen Seite entwickelt. Sozialistisch ist ihr Verhältnis nur, wenn es eine solidarische Beziehung positiver Wechselseitigkeit oder des Füreinander ist. Jede der beiden elementaren Reichtumsformen kann sich im Sozialismus diesem Verständnis nach nur dadurch weiterentwickeln, dass sie die andere entwickelt.

Versucht man das Gesagte auf Formeln zu bringen, so wird deutlich, dass es nicht nur eine, sondern zwei allgemeine Formeln des Sozialistischen geben muss, will man das Wechselverhältnis der beiden Pole des Reichtums in einer sozialistischen Gesellschaft erfassen. Zum einen ist es das Ziel einer sozialistischen Gesellschaft, die Gemeingüter einer solchen Gesellschaft (als Gg ausgedrückt) erweitert zu reproduzieren, so dass sich $G + \Delta Gg = Gg'$ ergibt. Sozialistisch wäre eine Gesellschaft also dann zu nennen, wenn die Reproduktion und Entwicklung der Gemeingüter sich durch die freie Entwicklung der gesellschaftlichen Individualität der Gesellschaftsmitglieder (ausgedrückt als I) vollzieht. Im Maße der erweiterten Reproduktion der Gemeingüter vollzieht sich dann zugleich ein Zuwachs an Reichtum der Individualität ($I_G + \Delta I = I_G'$). In einer Formel ausgedrückt: $Gg \rightarrow I + \Delta I \rightarrow Gg'$; oder: $Gg \rightarrow I' \rightarrow Gg'$. Dies wäre die erste allgemeine Formel des Sozialismus. Zum anderen ist es gleichfalls das Ziel einer sozialistischen Gesellschaft, die gesellschaftliche Individualität jedes ihrer Mitglieder dadurch zu entwickeln, dass diese zur Entwicklung der Gemeingüter beitragen. Es würde also auch gelten: $I \rightarrow Gg + \Delta Gg \rightarrow I'$; oder: $I \rightarrow Gg' \rightarrow I'$. Das stellt die zweite allgemeine Formel des Sozialistischen dar.

Anstelle einer allgemeinen Formel einer sozialistischen Gesellschaftsordnung gibt es also zwei Formeln einer sozialistischen Gesellschaft. Die eine allgemeine Formel formuliert die Entwicklung des Gemeinschaftlichen als Ziel und betrachtet die Entwicklung der Individuen als Mittel der Entwicklung des Gemeinschaftlichen. Dies ist die *allgemeine kommunistische Formel des Sozialismus*. Die andere Formel fokussiert sich auf die Entwicklung der Individuen als Ziel und betrachtet den Reichtum der Gemeingüter als Mittel derselben. Es ist dies die *allgemeine libertäre Formel von Sozialismus*, wie sie sich u.a. bei Noam Chomsky findet (Chomsky 2008). Die Geschichte des Sozialismus ist dadurch geprägt, dass sich seine unterschiedlichen Flügel teils vor allem auf die kommunistische oder vor allem auf die libertäre Formel des Sozialismus bezogen haben. Die historischen wie auch aktuellen Gegensätze in der sozialistischen Grundströmung der Moderne sind deshalb kein immer wiederkehrender Unfall der Geschichte, sondern konstitutiv für diese Grundströmung. Es kann nur darum gehen, darauf Einfluss zu nehmen, *wie* die Gegensätze, die diese beiden Formeln ausdrücken, ausgetragen werden.

Marx und Engels mussten sich dem eigenen Verständnis nach nicht der Differenz der beiden Formeln des Sozialismus stellen, weil sie davon ausgingen, dass in einer reifen kommunistischen Gesellschaft die Entwicklung der Individuen und die Entwicklung des gesellschaftlichen Reichtums Aller *unmittelbar* zusammenfallen würden. Jede Entwicklung der Einzelnen würde unter solchen Bedingungen direkt die Entwicklung Aller befördern und umgekehrt. Deshalb brauchten sie sich auch nicht der Frage zu stellen, welche institutionellen Vermittlungsformen eine solche Gesellschaft braucht, um solidarische Verhältnisse durchzusetzen. Die These vom »Absterben« des Staates, des Rechts, der Märkte usw. ist nur der Ausdruck der Annahme, dass es keine wesentlichen sozialen Widersprüche mehr geben würde, vor allem keine zwischen den Individuen als Einzelne und als Gesellschaftsmitglieder.

Vor dem Hintergrund der Erfahrungen mit parteikommunistischen Bewegungen machte der Schriftsteller Stephan Hermlin (1915–1997) in seinem 1979 in der DDR erschienenen Buch »Abendlicht« deutlich, was es bedeutet, den zitierten Satz aus dem »Manifest« so oder auch anders zu lesen:

»Unter den Sätzen [aus dem »Manifest« – M.B.], die für mich seit langem selbstverständlich geworden waren, befand sich einer, der folgendermaßen lautete: ›An die Stelle der alten bürgerlichen Gesellschaft mit ihren Klassen und Klassengegensätzen tritt eine Assoziation, worin die freie Entwicklung aller die Bedingung für die freie Entwicklung eines jeden ist.‹ Ich weiß nicht, wann ich begonnen hatte, den Satz so zu lesen, wie er hier steht. Ich las ihn so, er lautet für mich so, weil er meinem damaligen Weltverständnis auf diese Weise entsprach. Wie groß war mein Erstaunen, ja mein Entsetzen, als ich nach vielen Jahren fand, dass der Satz in Wirklichkeit gerade das Gegenteil besagt: ›... worin die freie Entwicklung eines jeden die Bedingung für die freie Entwicklung aller ist.‹ Mir war klar, dass ich auch hier gewissermaßen in einem Text einen anderen Text gelesen hatte, meine eigene Unreife; dass aber, was dort erlaubt, ja geboten sein konnte, weil das Wort auf andere Worte, auf Unausgesprochenes hinwies, hier absurd war, weil in meinem Kopf eine Erkenntnis, eine Prophetie auf dem Kopf stand. Dennoch mischte sich in mein Entsetzen Erleichterung. Plötzlich war eine Schrift vor meinem Auge erschienen, die ich lang erwartet, auf die ich gehofft hatte.« (Hermlin 1979: 22f.)

Die Komplexität sozialistischer Verhältnisse

Eine sozialistische Gesellschaft muss ihren doppelten Reichtum, freie Individualitätsentwicklung und die Gemeingüter, produzieren und reproduzieren. Dies wird in den zwei genannten allgemeinen Formeln des Sozialistischen ausgedrückt. Erst im Reproduktionsprozess erweist sich, ob die Formeln einer Gesellschaftsformation substanzielle Macht entfalten oder leere Absicht bleiben. Aber wie kann die Produktion von neuem sozialistischem Reichtum in seiner doppelten Gestalt erklärt werden? Welche Bedingungen müssen dafür gegeben sein und im Produktionsprozess dieses Reichtums ständig erweitert reproduziert werden?

Eine sozialistische Wirtschaftsweise ist eine komplexe Wirtschaftsweise, in der eine sehr hohe Anzahl von relativ selbständigen wirtschaftlichen Akteuren miteinander arbeitsteilig kooperieren und zugleich ständig die zur Verfügung stehenden Produktionsfaktoren (Naturressourcen, Maschinerie, Arbeitskräfte, Wissen) unter Nutzung der materiellen, sozialen, kulturellen wie digitalen Infrastruktur immer wieder neu und verändert kombinieren. Dies hat sie mit kapitalistischen Gesellschaften gemeinsam. Sozialismus ist nur als komplexe Gesellschaft möglich. Dies bedeutet, dass Sozialismus auf der Basis einer komplexen Produktionsweise drei Typen von Akteuren zu vermitteln hat: (1) die Individuen als Mitglieder des »Vereins freier Menschen«, (2) die sozialistischen Unternehmen als zentrale Akteure der Erbringung von Leistungen und Erzeugung von Produkten und (3) die Gesamtgesellschaft (d. h. die Individuen, die sich als Gesellschaftsglieder zu einem gemeinsamen Subjekt konstituiert haben). Durch den Aspekt der Regionalisierung und Verortung in Kommunen oder die zwingend erforderliche Einbeziehung einer globalen Dimension wird das Bild noch komplexer.

Im Folgenden will ich Vorschläge machen, wie an die Suche nach sozialistischen Bearbeitungsformen für die Komplexität moderner Gesellschaften herangegangen werden kann. Bisher waren erstens die zwei Pole des Reichtums und zweitens die beiden allgemeinen Formeln des Sozialismus entwickelt worden. Drittens ist zu beachten, dass Sozialismus eine komplexe Gesellschaft ist, die auf einem hohen Maß an gesellschaftlicher Arbeitsteilung und Kooperation beruht, ohne die die Nutzung moderner Produktivkräfte unmöglich ist. In einer sozialistischen Wirtschaftsweise müssen Akteure die produktiven Faktoren kombinieren und die Ergebnisse ihrer Produktion miteinander austauschen, soweit sie diese nicht selbst herstellen. Ausgehend von dem Gesagten kann das Problem, das die beiden allgemeinen Formeln des Sozialistischen aufwerfen, so formuliert werden: *Unter welchen Bedingungen können in einer komplexen Gesellschaft die wirtschaftlichen Faktoren (Arbeitskraft, Naturressourcen und Produktionsmittel, Infrastruktur, Wissen und Kultur) so kombiniert werden, dass eine sich wechselseitig befördernde Entwicklung der gesellschaftlichen Individualität der Gesellschaftsmitglieder und der Gemeingüter der Gesellschaft erfolgen kann, die vor allem die Lage der am schlechtesten Gestellten verbessert?* Dies wirft zudem die Frage auf, wie das politische Gemeinwesen gestaltet sein muss, um einen solchen sozialistischen Reproduktionszusammenhang herzustellen und zu bewahren.

Die Durchsetzung eines sozialistischen Reproduktionsprozesses ist eine doppelte Transformation in dem Sinne, dass einerseits der kapitalistische Akkumulationsprozess aufgelöst wer-

Abb. 4: Sozialistischer Reproduktionsprozess

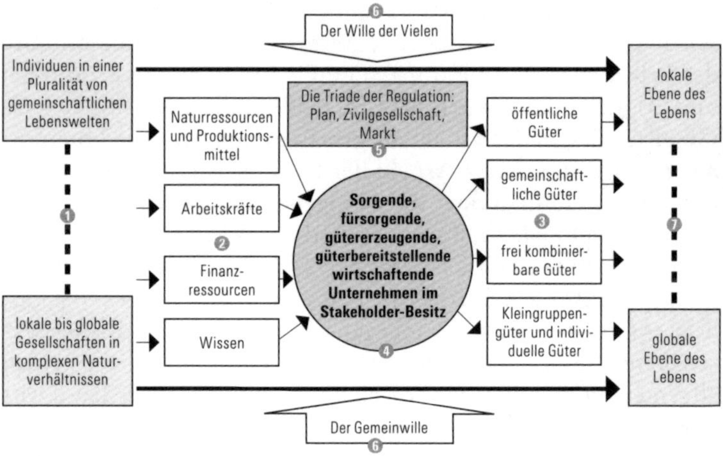

den soll, der der wesentliche Treiber der Krisen ist, mit denen wir gegenwärtig konfrontiert sind (vgl. Fraser 2021: 75). Dies ist ein multidimensionaler Prozess (vgl. Harvey 2010: 13). Andererseits kommt es darauf an, entlang eben dieser Dimensionen einen sozialistischen Reproduktionsprozess zu konstituieren. Es ist Entwicklung in kapitalistisch beherrschten Gesellschaften über sie hinaus (vgl. Klein 2014, 2018). Im Folgenden sollen sieben Felder aufgezeigt werden, die berücksichtigt werden müssen, wenn man die Komplexität moderner Gesellschaften, wie sie in der Abb. 3 skizziert ist, sozialistisch zu gestalten sucht. Ziel ist es, jedem Versuch entgegenzuwirken, Lösungen vorzuschlagen und voranzutreiben, die für diese Widersprüche blind und deshalb zum Scheitern verurteilt sind. Die Zahlen in der Abb. 4 verweisen auf die folgenden Unterabschnitte, in denen die einzelnen Vorschläge näher ausgeführt sind. Alleiniges Ziel dieser Darstellung ist es, eine Vorstellung zu vermitteln, welchen Widersprüchen sich Sozialistinnen und Sozialisten stellen müssen – und dies nicht irgendwann, sondern schon heute in jedem konkreten Einstiegsprojekt in eine sozialökologische Transformation, in jedem Ansatz, die Kräfteverhältnisse zu verändern, in jedem Versuch, Gesellschaft mit dem Ansatz transformatorischer Realpolitik grundlegend umzugestalten.

Die Darstellung dieser Widersprüche hat ausschließlich einen heuristischen Wert. Man könnte sie auch als Prüfsteine verstehen, um Vorschläge für Einstiegsprojekte in eine sozialistische Transformation zu bewerten. Es geht darum, sich der Widersprüchlichkeit solcher Einstiegsprojekte bewusst zu werden, eine Widersprüchlichkeit, die man aushalten und bearbeiten muss – emanzipatorisch wie solidarisch.

Die zwei Eigentümer im Sozialismus – Individuen und Gesellschaft

Erstens muss die Frage nach den Eigentumsverhältnissen einer sozialistischen Gesellschaft gestellt werden. Während der klassische Liberalismus vom Einzelnen ausgeht, der in Trennung von allen anderen seine Interessen verfolgt, strebt der klassische Kommunismus danach, die Gemeinschaft zum alleinigen Ausgangspunkt zu machen. Beides ist falsch. Menschen sind mehr als alle anderen Lebewesen auf der Erde zugleich hyperindividuell und ultrasozial. Die biologische Evolution erweist sich ihrer Tendenz nach gleichzeitig als Erfindung von immer differenzierterer Individualität und immer komplexerer Sozialität (siehe Wieser 1998). Von »Natur« aus sind Menschen weder zu Egoismus noch zu Altruismus angelegt, sondern zu »Mutualismus« (siehe Tomasello 2010: 50), zu einer gemeinschaftlichen Kooperation, bei der »wir alle von unseren gemeinsamen Handlungen profitieren«, veranlagt – unmittelbar durch die Kooperation und mittelbar durch die Ergebnisse der Kooperation. Von Natur aus sind wir in unseren unmittelbaren zwischenmenschlichen Beziehungen zu freier Gemeinschaftlichkeit disponiert. Es hängt von der Gesellschaft, ihrer Kultur, unserem Umfeld und wesentlich auch von uns persönlich ab, ob daraus Mit-Menschlichkeit wird oder nicht. Diese Mit-Menschlichkeit ist aber nicht mit dem Aufgehen des Individuums in einer Gemeinschaft zu verwechseln. Menschliche Empathie ist gefiltert und gebrochen, sie löscht den Einzelnen in seiner Beziehung zu einem Anderen nicht aus, sondern konstituiert ihn geradezu als nicht mit dem Anderen identisch (vgl. Breithaupt 2009: 12). Wie Helmuth Plessner schrieb: »Dass ein jeder ist, aber sich nicht hat; genauer gesagt, sich nur im Umweg über andere und anders als ein Jemand hat, gibt der menschlichen Existenz ihren institutionellen Charakter.« (Plessner 2003b: 194) Die Anderen haben, wie Emanuel Lévinas, deutlich macht, Vorrang: »Wohlverstandene Gerechtigkeit beginnt beim Anderen.« (Lévinas 1983: 200)

Joachim Baum bringt die neueren einzelwissenschaftlichen Erkenntnisse so auf den Punkt: »Das natürliche Ziel der (menschlichen – M. B.) Motivationssysteme sind soziale Gemeinschaft und gelingende Beziehungen mit anderen Individuen [...]. Für den Menschen bedeutet dies: Kern aller Motivation ist es, zwischenmenschliche Anerkennung, Wertschätzung, Zuwendung oder Zuneigung zu finden und zu geben. Wir sind – aus neurobiologische Sicht – auf soziale Resonanz und Kooperation angelegte Wesen.« (Bauer 2008: 36)

Menschen sind heute zugleich durch ein hohes Maß von Autonomie ihrer eigenen Lebenswelten gekennzeichnet und in vielfältigen gesellschaftlichen Zusammenhängen verortet. Ein und dieselbe Situation trägt immer ein Doppelgesicht. Sozialismus muss diesem Doppelgesicht auf eine welthistorisch neue Weise gerecht zu werden suchen. Sozialismus ist, wenn er seinen eigenen Ansprüchen gerecht würde, eine offene soziale Form, die den aus Anthropo- und Soziogenese gewordenen menschlichen Anlagen zu ausgeprägter Individualität und komplexer Gesellschaftlichkeit entspricht und ihre umfassende Entfaltung in vielen Formen freier Gemeinschaftlichkeit ermöglichen kann.

Ein solcher Ansatz hat wesentliche Folgen für das Verständnis der Eigentumsordnung und der Besitzformen einer sozialistischen Gesellschaft. Während das Eigentumsverhältnis das Ziel des gesellschaftlichen Reproduktionsprozesses definiert, erfassen die konkreten Besitzformen jene Verfügungsrechte, die die Durchsetzung dieses Ziels ermöglichen. Ziel und Mittel müssen auch in diesem Falle unterschieden werden. Diese Unterscheidung ist schon bei Marx zu finden. In den »Grundrissen« von 1858/59 schrieb er: Für die »orientalische Form« des Gemeinwesens gilt, dass das »Gemeindemitglied als solches Mitbesitzer des gemeinschaftlichen Eigentums« sei. Er fügte hinzu: »[W]o das Eigentum *nur* als Gemeineigentum existiert, ist das einzelne Glied als solches nur *Besitzer* eines besonderen Teils, [...] da jede Fraktion des Eigentums keinem Glied gehört für sich, sondern als unmittelbarem Glied der Gemeinde [...] Dieser einzelne ist also nur Besitzer. Es existiert nur *gemeinschaftliches* Eigentum und nur *Privatbesitz*.« (Marx 1983: 389) Zehn Jahre später kam Marx auf diese Unterscheidung von Eigentum und Besitz zurück und wendete sie nun auf den Kommunismus an. An jener Stelle, wo er die Möglichkeit der Negation der kapitalistischen Produktionsweise im »Kapital« beschreibt, heißt es in direkter Umkehrung des Verhältnisses von Eigentum und Besitz, Individuum und Gemeinschaft orientalischer Gesellschaft, wie sie sich Marx in den 1850er-Jahren darstellten: »[D]ie kapitalistische Produktion erzeugt mit der Notwendigkeit eines Naturprozesses ihre eigene Negation. Es ist die Negation der Negation. Diese stellt nicht das Privateigentum wieder her, wohl aber das individuelle Eigentum auf der Grundlage der Errungenschaft der kapitalistischen Ära: der Kooperation und des Gemeinbesitzes der Erde und der durch die Arbeit selbst produzierten Produktionsmittel.« (Marx 1890: 791, siehe auch 1871: 342f.) Das individuelle Eigentum, das auf der Basis des gemeinschaftlichen Besitzes Wirklichkeit werden würde, unterstellt, folgt man Marx' Ansatz, dass die Entwicklung der Individuen zum Zweck der gesellschaftlichen Produktion wird.

Marx kennt in der zitierten kommunistischen Vision aus dem »Kapital« für eine nachkapitalistische Gesellschaft nur einen Eigentümer – die Individuen – und nur eine Besitzform, nämlich die »des Gemeinbesitzes der Erde und der durch die Arbeit selbst produzierten Produktionsmittel«. Dies war Marx' Weise, den Widerspruch zwischen der libertären und der kommunistischen Zielrichtung des Sozialismus aufzulösen. Für ihn ist im Kommunismus die Entwicklung der Individuen der Zweck. Folglich sind die Individuen die Eigentümer, die dieses individuelle Eigentum aber nur unter der Bedingung des gemeinschaftlichen Besitzes aller gemeinsam an allen Produktionsmitteln realisieren können.

Ausgehend von den schon entwickelten Positionen hat eine sozialistische Gesellschaft nicht nur einen, sondern zwei Zwecke. Es geht um die Entwicklung gesellschaftlicher Individualität *und* um die bereicherte Reproduktion der Gemeingüter und damit des in die irdische Natur eingebetteten Gesellschaftskörpers. Folgt man einer solchen Auffassung, dann steht weder nur die freie Entwicklung der Einzelnen noch die solidarischer Entwicklung aller für sich genommen im Mittelpunkt, sondern die solidarische Verbindung beider Ziele. Dies bedeutet folgerichtig, dass davon ausgegangen werden muss, dass es im Sozialismus nicht einen Eigentümer, sondern *zwei* aufeinander bezogene und *nicht* aufeinander reduzierbare Eigentümer gibt. Zum einen sind dies die assoziierten Individuen als Individuen, die sich zu den gemeinschaftlichen Reproduktionsbedingungen als ihrem »organischen Leib« verhalten, durch den sie sich als freie Individuen erhalten und entwickeln. Zum anderen sind auch die assoziierten Individuen als Gesellschaftsglieder Eigentümer, die die Reproduktion des Gesellschaftskörpers mit dem Ziel der Entwicklung der natürlichen und gesellschaftlichen Gemeingüter eines reichen Lebens organisieren und genau dadurch die Bedingungen der freien Entwicklung ihrer Mitglieder sichern. Deshalb sind grundsätzlich alle anarchistischen Versuche zum Scheitern verurteilt, die eine sozialistische Gesellschaft ausschließlich ausgehend von den Individuen und ihrer freien Entwicklung her konzipieren wollen. Und umgekehrt ist es auch nicht möglich, dies auf kommunistische Weise ausgehend allein von der Gemeinschaft oder Gesamtgesellschaft her zu leisten. Der Widerspruch zwischen den Individuen einerseits als individuelle Eigentümer und andererseits als gesellschaftliche Eigentümer muss ausgetragen werden. Und dies kann nur geschehen über eine große Pluralität von Besitzformen, in deren Mittelpunkt sozialistische Wirtschaftsunternehmen stehen.[5]

---

[5] In meiner Habilitation von 1995 unter dem Titel »Entwicklungsstufen des sozialistischen Eigentums« habe ich diese Position formuliert und davon gesprochen, dass die Individuen, die Kollektive (Betriebe, Regionen usw.) und die Gesamtgesellschaft jeweils Teileigentümer sind, die ihre kom-

Die Grundvoraussetzungen des Reproduktionsprozesses und ihre sozialistische Einbettung

Ein zweiter Aspekt, der bei Frage der sozialistischen Vermittlung der Widersprüche komplexer Gesellschaft beantwortet werden muss, ist die Bedeutung der Voraussetzungen jeder Reproduktion – Natur, Arbeitskraft, Finanzen, Wissen. Dasjenige, was die Ökonomen prosaisch als Ressourcen bezeichnen, die für unternehmerisches wirtschaftliches Handeln unverzichtbar sind – die Rohstoffe und Energie, die Arbeitskräfte, der Kredit, das Wissen –, werden nicht oder nur zu einem bestimmten Teil im Wirtschaftssystem im engen Sinne hervorgebracht. Energie und natürliche Ressourcen werden der Gaiasphäre der Erde entnommen, jener dünnen Schicht über und unter der Erdoberfläche, die Habitat für Menschen und alle anderen Lebewesen der Erde ist. Die Arbeitskräfte sind eingebettet in die individuell-gemeinschaftlichen Lebenswelten, in die Menschen hineingeboren werden, aus denen sie den Sinn und die Ziele ihres Lebens entnehmen. Das Geld, um das sich im Kapitalismus alles dreht, ist letztlich Produkt staatlichen Handelns und hat seinen Anker in dem Vertrauen, dass die das Geld nutzenden Akteure dem staatlichen Gemeinwesen entgegenbringen. Es bedarf eines entsprechenden Rechtssystems und der staatlichen Organe, es zur Geltung zu bringen. Große Teile des Wissens entstehen in öffentlichen Einrichtungen des Bildungswesens, der akademischen Forschung oder zunehmend in vielen zivilgesellschaftlichen Strukturen. Alle diese vier Typen von Gütern werden im Resultat des Wirtschaftens und der Erzeugung von Gütern und Dienstleistungen auch wieder dorthin zurückgegeben (Abb. 4) (siehe ausführlicher Brie 2014: 209–224). Aufgabe eines sozialistischen Akkumulationsprozesses ist es zu sichern, dass dies zu individueller wie gesellschaftlicher Entwicklung in einer reichen sozialen wie natürlichen lebensfreundlichen Umwelt führt und das Doppelziel sozialistischer Akkumulation erreicht wird. Dies ist aber nur möglich, wenn die Grundgüter eines Lebens in Freiheit und Solidarität nicht den Gesetzen der

---

plexe Reproduktion im Verhältnis zueinander solidarisch organisieren müssen (Brie 1985).

Abb. 5: Gesellschaftlicher Reproduktionsprozess

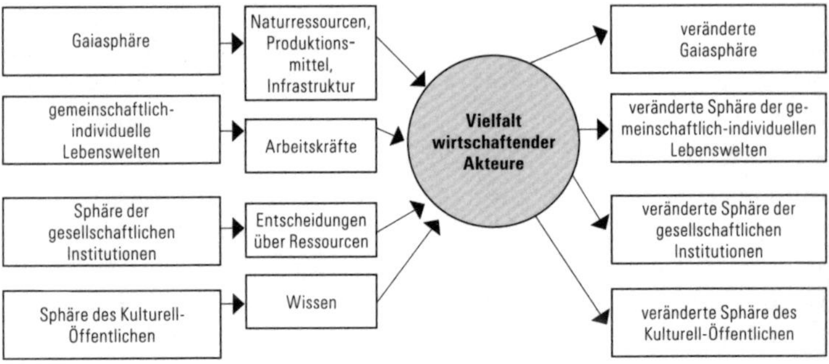

Warenwirtschaft und der kapitalistischen Akkumulation unterworfen sind, sondern den beiden allgemeinen Formeln des Sozialismus und den Interessen der beiden Eigentümerpole untergeordnet werden. Oft wird dies als Wiedereinbettung der Wirtschaft in die Gesellschaft bezeichnet (vgl. Beckert 2009; vgl. Dale 2010; vgl. Bockman et al. 2016; vgl. Lacher 2019).

Wenn man die heutigen Vorschläge einer großen Transformation von Wirtschaft und Gesellschaft analysiert, kann man feststellen, dass viele von ihnen darauf zielen, die Reproduktion der vier Grundvoraussetzungen gesellschaftliche und individueller Reproduktion von der Dominanz der Kapitalverwertung zu befreien (Abb. 5). Es geht darum, dass die Grundgüter eines freien solidarischen Lebens der Herrschaft der kapitalistischen Märkte entzogen und der Kontrolle von Gesellschaft, Gemeinschaften und Individuen unterworfen werden. Das bedeutet nicht, sie einem einzigen Eigentümer zu unterwerfen und in eine einzige Besitzform zu bringen. Das zu lösende Problem ist, die genannte Kontrolle durch verschiedene Besitzer mit der freien Kombination dieser Ressourcen ausgehend von den gesellschaftlichen Zielstellungen, Normen, rechtlichen Regelungen zu ermöglichen. Verantwortungsvolle Kontrolle über die Nutzung dieser Ressourcen und Freiheit bei der Nutzung bilden einen Widerspruch, dem nicht ausgewichen werden kann. Die unternehmerische Eigenverantwortung einer Vielfalt wirtschaftender Akteure, die Möglichkeiten der Kombination der Produktionsfaktoren unter den Gesichtspunkten von Effizienz und Innovation, die Bildung von Preisen der erzeugten Produkte auf Märkten werden vom Standpunkt der hier entwickelten Sozialismuskonzeption nicht aufgehoben, sondern in gesellschaftlich bewusst gestaltete Zusammenhänge eingebettet. Es geht um das reflexive Verhältnis zu dem, was man auch den evolutionsorientierten wirtschaftlichen Motor komplexer Gesellschaften nennen kann (siehe dazu ausführlich Land 2021). Es geht um die solidarische Bearbeitung dieses Widerspruchs von unternehmerischer Freiheit einer Vielfalt von wirtschaftenden Akteuren und der Realisierung gesellschaftlicher Zielstellungen gemäß der doppelten Formel des Sozialismus.

Die Vielfalt der Güter sozialistischer Produktion

Bisher wurde deutlich gemacht, dass es im Sozialismus zwei radikal unterschiedliche Eigentümer gibt – die freien Individuen und ihre freie Assoziation. Es wurde weiter darauf hingewiesen, dass die vier Grundvoraussetzungen von Reproduktion einerseits gesellschaftlich kontrolliert werden und andererseits in diesem Rahmen frei verfügbar sein müssen, um Innovation und Entwicklung möglich zu machen. Dies wirft die Frage auf, wie die Besitzformen aussehen können, die dieser Widersprüchlichkeit entsprechen.

Die konkrete Form von Besitz, die dem doppelten Eigentümerzweck einer sozialistischen Gesellschaft gerecht werden könnte, ist zunächst einmal davon abhängig, um welchen Typ von Gütern es sich handelt. Dies ist eine dritte Dimension, die bei einem zeitgemäßen Sozialismusverständnis beachtet werden muss. Nicht jeder Typ von wirtschaftlichen Akteuren ist in gleicher Weise geeignet, bestimmte Güter herzustellen und verfügbar zu machen. Die Vorstellung, dass nur private oder nur staatliche bzw. nur genossenschaftliche Wirtschaftsakteure in der Lage sind, Güter effizient zu erzeugen und entsprechend den individuellen, kollektiven und gesellschaftlichen Bedürfnissen bereitzustellen, ist historisch widerlegt. Welcher Wirtschaftsakteur welche Güter besser bereitstellen kann, ist nicht zuletzt vom Charakter der Güter und der technologischen Produktionsweise, durch die sie hervorgebracht werden, bzw. den Kulturen einer Gesellschaft abhängig.

Die Grundlage für die folgende Klassifikation von Gütern ist die Annahme, dass es unter dem Gesichtspunkt der Nutzung vier Grundtypen von Gütern gibt, die unter zwei Aspekten unterschieden werden können – (1) der Höhe der sozialen Kosten, die dadurch entstehen, dass andere aus der Nutzung der jeweiligen Güter ausgeschlossen werden (Exklusionskosten) und (2) der Höhe des sozialen Nutzens, die bei Beteiligung anderer an der Nutzung der Güter erzielt werden können (Inklusionsgewinne). Was Kosten sind und was Nutzen, ist natürlich seinerseits von den verfolgten Zielen der Eigentumsordnung abhängig. Für die hier betrachtete sozialistische Wirtschaftsweise sind die Maßstäbe durch die zwei genannten Formeln des Sozialismus vorgegeben – es geht um Individualitätsentwicklung jeder und jedes Einzelnen und um die erweiterte Reproduktion der Gemeingüter. Eine solche Klassifikation erlaubt es, von der Existenz von vier Gütertypen auszugehen: (1) öffentliche Güter, (2) gemeinschaftliche Güter, (3) individuelle Güter und schließlich (4) frei kombinierbare Güter. Natürlich wird mit dieser Klassifikation nichts anderes als ein sozialer Raum erfasst und die Übergänge zwischen den jeweiligen Typen sind fließend.

Als öffentliche Güter seien jene Güter bezeichnet, von deren Nutzung andere nur mit hohen Kosten ausgeschlossen werden können (hohe Exklusionskosten) und deren offene gesellschaftliche Nutzung den Wert des Gutes erhöht (hoher Inklusionsnutzen). Das klassische Beispiel für ein öffentliches Gut ist Wissen. Der Verfasser der US-amerikanischen Unabhängigkeitserklärung und 3. Präsident der USA, Thomas Jefferson, hat dies so auf den Punkt gebracht: »Wenn die Natur irgendetwas weniger als alles andere zum ausschließlichen Eigentum gemacht hat, so ist es die Tätigkeit der Denkkraft, die Idee genannt wird, die ein Einzelner exklusiv besitzen kann, solange er sie für sich behält; aber in dem Moment, in dem sie verbreitet wird, drängt sie sich in den Besitz eines jeden, und der Empfänger kann sich ihrer nicht entledigen […]. Wer eine Idee von mir empfängt, empfängt dadurch Kenntnisse, ohne die meinen zu mindern, so wie derjenige, der seine Kerze an meiner anzündet, Licht empfängt, ohne mich im Dunkeln zurückzulassen.« (Jefferson 1999: 580) Bei Wissensgütern steigert die Nutzung durch Viele ihren Nutzen und unter den Bedingungen der Digitalisierung sind die Kosten ihrer öffentlichen Bereitstellung (aber natürlich nicht die ihrer Herstellung) relativ gering. In vielen Fällen erweist sich, »dass Schenken gegenüber Verkaufen eine deutlich effizientere Praktik darstellt, um digitale Produkte zu transferieren« (Elder-Vass 2018: 211), zumindest, wenn man die gesellschaftliche Effizienz in den Vordergrund stellt.

Gemeinschaftlichen Gütern ist die Verbindung von hohen Exklusionskosten und hohen Inklusionsverlusten eigentümlich. Der Ausschluss von Menschen von der Nutzung dieser Güter beraubt sie ihrer grundlegenden Lebensrechte. Je stärker aber diese Güter genutzt werden, desto höher ist der Aufwand ihren Gebrauchswert zu erhalten (vgl. Ostrom 2000: 337). Ein Beispiel sind Gesundheitseinrichtungen. Gesellschaften, die ihre Mitglieder von der Nutzung dieser Einrichtungen wegen mangelnder Zahlungsfähigkeit, aus ethnischen oder staatsbürgerlichen Gründen usw. ausschließen, nehmen in Kauf, dass elementare Menschenrechte nicht eingelöst werden. Unter dem Gesichtspunkt sozialistischer Ziele ist ein solcher Ausschluss in keiner Weise gerechtfertigt. Zugleich aber muss der Zugang geregelt werden, da die Kosten der Aufrechterhaltung von Gesundheitseinrichtungen wie bei anderen gemeinschaftlichen Gütern, anders als bei Wissen, hoch sind.

Mit dem Begriff *individuelle und Kleingruppengüter* werden jene Ressourcen beschrieben, von deren Nutzung andere mit geringem Aufwand ausgeschlossen werden können (geringe Exklusionskosten) und deren Nutzung durch andere den Wert stark verringert (hohe Inklusionsverluste). Die Mehrheit der Gegenstände des individuellen oder familiären Konsums hat diese Eigenschaft. Eine Wohnung ist geradezu ein Ensemble solcher Güter. Für Produktionsmittel, die durch eine unmittelbare Verbindung von individueller oder Familienarbeit gekennzeichnet sind, gilt gleichfalls, dass sie ihrem Wesen nach individuelle oder Kleingruppengüter sind. Diese Güter sind deshalb auch in Gesellschaften, die auf dem Gemeineigentum beruhen, zumeist in der individuellen oder familiären Nutzung. Dabei gibt es die Möglichkeit von Sharing.

Eine vierte Kategorie von Gütern sind jene, die als *frei kombinierbare Güter* bezeichnet werden sollen. Während auf der einen Seite öffentliche und gemeinschaftliche Güter zumeist nicht deutlich unterschieden werden, werden auf der anderen Seite auch individuelle oder Kleingruppengüter und frei kombinierbare Güter oftmals nicht in ihrer Verschiedenheit erkannt. Gemeinsam ist ihnen die Möglichkeit, mit relativ geringen Kosten andere von der Nutzung auszuschließen (niedrige Exklusionskosten). Was sie unterscheidet, ist der Nutzen bzw. Schaden, der durch Beteiligung anderer an der Nutzung entsteht. Die Unterscheidung frei kombinierbarer Güter von individuellen oder Kleingruppengütern ist von ähnlich prinzipieller Bedeutung wie die zwischen öffentlichen und gemeinschaftlichen Gütern. Während der Nutzen individueller Güter bei gemeinsamer Nutzung sinkt, steigt er bei frei kombinierbaren Gütern bis zu einem bestimmten Punkt. Dies gilt zum Beispiel für komplexe Produktionsanlagen, die zu ihrer Nutzung die Verbindung einer Vielzahl von Arbeitskräften, Maschinen, Wissen und Rohstoffen sowie Energie verlangen. Viele Unternehmen – staatliche, private, genossenschaftliche – mit komplexen Produktionsprozessen nutzen solche frei kombinierbaren Güter.

Wenn Eigentum im Sozialismus ein doppeltes Ziel hat – die Entwicklung der gesellschaftlichen Individualität der Gesellschaftsmitglieder und die Entwicklung der Gemeingüter –, und wenn die dafür notwendigen Güter öffentlichen, gemeinschaftlichen, frei kombinierbaren und individuellen bzw. Kleingruppencharakter tragen, dann stellt sich die Frage nach den Formen der Verfügbarkeit in solchen wirtschaftlichen Organisationen, die in der Lage sind, diese unterschiedlichen Typen von Gütern bereitzustellen.

Die Pluralität sozialistischer Besitzformen

Während die Eigentumsverhältnisse einer Gesellschaft den Zweck der wirtschaftlichen Produktion und Reproduktion definieren, bestimmen die Besitzverhältnisse, in welchen konkreten Verfü-

Tabelle 1: Die Besitzrechte nach Ostrom (2000: 339)

Spezifisches Besitzrecht	Beschreibung
Zugangsrecht	»Das Recht, in einen definierten physischen Raum einzutreten und nichtsubstraktiven Nutzen* (zum Beispiel Wandern, Kanufahren oder in der Sonne zu sitzen) zu genießen.«
Entnahmerecht	»Das Recht, Ressourceneinheiten oder Produkte eines Ressourcensystems zu erhalten (zum Beispiel das Fangen von Fischen, die Entnahme von Wasser).«
Managementrecht	»Das Recht, die internen Muster der Nutzung zu regulieren und die Ressource durch die Einführung von Verbesserungen umzugestalten.«
Ausschlussrecht	»Das Recht zu bestimmen, wer Zugangs- und Entnahmerechte hat und wie diese Rechte übertragen werden könnten.«
Veräußerungsrecht	»Das Recht, Management- und Ausschlussrechte zu verkaufen oder zu verpachten.«

* Unter nichtsubstraktivem Nutzen wird ein Gebrauch eines Gutes verstanden, der den Gebrauchswert dieses Gutes nicht mindert.

gungsformen diese Mittel realisiert werden. Dies ist eine vierte Dimension von Sozialismus. Besitz definiert, wer welche Rechte bezogen auf welche Eigenschaften einer bestimmten Ressource (Grund und Boden, Produktionsmittel, Konsumtionsmittel, Infrastruktur, Arbeitskraft usw.) hat. Es handelt sich immer um ein Bündel von Rechten und Pflichten einer Pluralität von Akteuren.

Besitzrechte sind immer Verhältnisse zu Menschen oder Gruppen von Menschen, wie sie in der Verfügung über Dinge oder Prozesse zur Geltung kommen. Dabei sei in Erinnerung gerufen, dass es zumeist nicht um einzelne Dinge geht, sondern um komplexe Ressourcensysteme (wie das Acker- und Weideland oder der Wald) oder Organisationen (vom familiären Haushalt bis hin zum Großunternehmen). Besitz ist deshalb ein komplexes Verhältnis. Elinor Ostrom unterscheidet das Zugangsrecht, das Entnahmerecht, das Managementrecht, das Ausschlussrecht und das Veräußerungsrecht (Tabelle 1).

Im Weiteren soll nun gefragt werden, welche Besitzformen einer sozialistischen Eigentumsordnung entsprechen würden, die zugleich auf die Entwicklung gesellschaftlicher Individualität der Gesellschaftsmitglieder und der Gemeingüter der Gesellschaft gerichtet ist und die besonders Benachteiligten privilegiert. Dabei kann an viele Formen angeknüpft werden, die in den letzten 200 Jahren entwickelt wurden, um ausgehend von sozialen Kämpfen und gesellschaftlichen Erfordernissen anerkannte Bedürfnisse zu befriedigen. Kapitalistische Gesellschaften sind nur deshalb lebensfähig, weil sie das Nichtkapitalistische in sich aushalten und teilweise sogar direkt fördern, wenn auch in jenen Formen, die mit der herrschenden kapitalistischen Produktionsweise kompatibel sind und sie ihrerseits unterstützen. Erik O. Wright spricht in diesem Zusammenhang von Freiräumen im Kapitalismus und von symbiotischen Verhältnissen zwischen kapitalistischen und nichtkapitalistischen Besitzformen (vgl. Wright 2017: 435–485). Außerdem ist zu beachten, dass, wie gezeigt wurde, auch im Kapitalismus in jeder wirtschaftenden Organisation eine Vielzahl von Akteuren bestimmte Verfügungsrechte ausüben. Ansonsten wäre Kooperation nicht möglich. Das letzte Wort aber haben die Kapitaleigentümer.

Es wäre vor dem Hintergrund des Gesagten ein fatales Unterfangen, nach der einen idealen Besitzform einer sozialistischen Gesellschaft zu suchen. Angesichts der Komplexität der Gesellschaft und der Vielfalt der zur Realisierung des doppelten Eigentümerziels notwendigen Güter müssen die Besitzverhältnisse in einem offenen Suchprozess und mit der Möglichkeit ständiger Evolution gestaltet werden. Im Folgenden sollen einige der mit einem solchen Suchprozess verbundenen Fragen angesprochen werden. Die Grafik 6 illustriert den Raum, in dem gesucht werden sollte. Sie macht auch deutlich, dass die unterschiedlichen Besitzformen mit unterschiedlichen Formen der Ökonomie – von der Gabenökonomie über die Gemeinwirtschaft und die Austauschökonomie bis hin zur Selbstversorgungswirtschaft – verbunden sind. Damit ist aber nicht gesagt, welcher Eigentumsordnung sie dienen. Sie kann kapitalistisch oder sozialistisch oder auch rein etatistisch sein. Dies ist vor allem vom Gesamtzusammenhang abhängig.

Unter dem Standpunkt der Nutzung sollten jene Akteure Besitzer der genannten Güter sein, die das höchste Interesse an der Ausschöpfung der ihnen innewohnenden Potenziale im Interesse der übergreifenden Eigentümer – im Falle einer sozialisti-

Abb. 6: Ausgewählte Besitzformen und Formen des Wirtschaftens in einer sozialistischen Gesellschaft

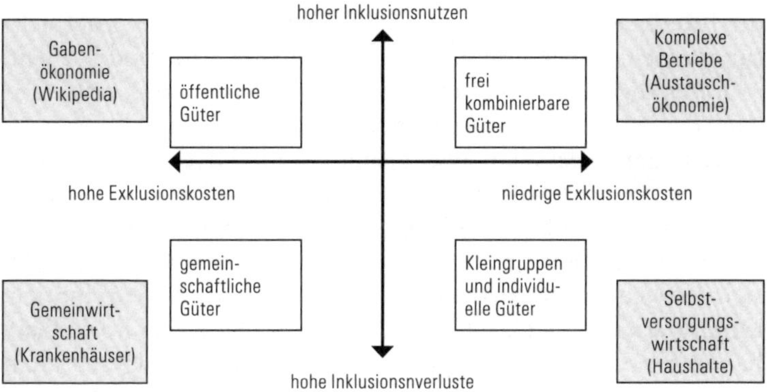

schen Gesellschaft also die Individuen und die Gesamtgesellschaft – haben. Öffentliche Güter müssten der freien Nutzung durch möglichst viele offen stehen, da ihr Gebrauch den Nutzen für die Gesellschaft steigert, ohne diese Güter dabei zu vernutzen. Sie sollten durch die Öffentlichkeit, d. h. niemanden besessen werden (siehe das Manifest für Öffentlich-Rechtliche Medien und ein Öffentlich-Rechtliches Internet, Fuchs/Unterberger 2021).

Gemeinschaftliche Güter müssten im Besitz jener sein, die zum einen dafür sorgen, dass niemand vom Zugang ausgeschlossen wird, der darauf einen Anspruch hat, und zugleich sichert, dass es nicht zu einer Übernutzung kommt und die ständige Erneuerung des Guten gewährleistet wird. Sie sollten deshalb im Besitz klar definierter Gemeinschaften sein. Und während individuelle und Kleingruppengüter auch im Besitz der Individuen und kleiner Gruppen (Partnerschaften, Familien usw.) verbleiben sollten, bedarf es einer klaren Regelung, zu welchen Bedingungen assoziierte Güter besessen und wie über sie verfügt werden kann. Assoziierte Besitzformen müssen die Interessen aller derer, die einen Anteil an der Nutzung haben, kombinieren können. Man könnte auch vom Stakeholder-Besitz sprechen. Die Zugangs-, Entnahme-, Management-, Ausschluss- und Veräußerungsrechte werden beim Stakeholder-Besitz zwischen den beteiligten und betroffenen Akteuren so verteilt, dass dabei unter Wahrung der Entwicklungsfähigkeit des Unternehmens oder der Organisation die Interessen dieser Akteure möglichst umfassend berücksichtigt werden. Es geht um die Balance von Solidarität und Freiheit.

Lebendige Zivilgesellschaften und durchsetzungsstarke Organe des staatlich organisierten Gemeinwillens sind die Voraussetzung dafür, dass den zwei grundlegenden Zielen einer sozialistischen Gesellschaft im Wirtschaftsprozess Rechnung getragen wird – der freien Entwicklung der Individuen und der erweiterten Reproduktion der Gemeingüter. Zwischen ihnen befindet sich der weite Raum, in dem viele wirtschaftliche Akteure, sprich: Organisationen und Unternehmen in verschiedenster Form Platz haben. Sie sind einerseits durch den Einfluss von Zivilgesellschaft und Staat geprägt und haben zugleich das Interesse am eigenen Erhalt und der eigenen Entwicklung.

Unternehmen haben auch im Sozialismus eine zentrale Stellung im Akkumulationsprozess. Alle wirtschaftlichen Prozesse müssen durch sie »hindurchgehen«. Von ihrem Agieren hängt entscheidend ab, welche Ergebnisse erzielt werden. Das Wirken von Zivilgesellschaft und Staat trifft auf eigeninteressierte Unternehmen und wird dort umgewandelt. Dabei sind Unternehmen alle Formen wirtschaftlicher Kooperation unter einer gemeinsamen Leitung. Dies gilt für die Wikimedia Foundation und die mit ihr verbundenen Vereine genauso wie für eine Wohnungsgenossenschaft oder den Volkswagenkonzern bzw. eine landwirtschaftliche Kooperative. Wenn Zivilgesellschaft und Staat die Ausrichtung des sozialistischen Akkumulationsprozesses bestimmen, dann sind die Unternehmen die zentralen Spieler, die sich auf dem dadurch definierten Spielfeld des Wirtschaftlichen bewegen. Wie Reinhard Pfriem in seinem Buch »Die Neuerfindung des Unternehmertums« deutlich macht, muss radikal mit der Vorstellung gebrochen werden, das Unternehmen »nur als Maschinen der Profitmaximierung« (Pfriem 2021: 5) modelliert werden können. Teil einer sozialistischen Transformationsstrategie ist es, die Erwirtschaftung von Gewinn zur Sicherung der Reproduktion der Unternehmen in ein Mittel der Realisierung konkreter Ziele im genannten sozialistischen Doppelsinn zu verwandeln. Insofern ist ihnen das Moment der Kapitalverwertung inhärent, da der Kapitalstock eines jeden Unternehmens reproduziert werden muss (siehe dazu vor allem die konzeptionellen Ausführungen von Land 2018). Dies ist nur möglich, wenn einerseits die gesellschaftlichen Rahmenbedingungen grundsätzlich verändert werden (d. h. die Wirkungsweise von Zivilgesellschaft und Staat) und andererseits die innere Besitzstruktur in Richtung eines pluralen solidarischen Stakeholdertums verwandelt wird.

Innerhalb eines pluralen solidarischen Stakeholdertums müssen zum einen verschiedene Stakeholder Einfluss nehmen können (von den Beschäftigen des Unternehmens über die Kommunen, in denen sie wirken, Sozial- und Umweltorganisationen, Transformationsräte usw.); zum anderen bedarf es eines Unternehmensmanagements, dass diese Interessen mit denen der Reproduktion des Unternehmens selbst und seiner strategischen Orientierung verbindet. Die Unternehmerfunktion, auf die Schumpeter so großen Wert gelegt hat, verschwindet nicht, sondern gewinnt sogar noch an Bedeutung. Sie ist aber nicht mehr den Interessen der Kapitalverwertung untergeordnet, sondern steht im Dienste des Unternehmens und der Vielfalt derer, die an ihm lebendigen Anteil haben.

Bei der Gestaltung von Besitzformen ist eine ungeheure Vielfalt möglich. Es geht um Unternehmen im weitesten Sinne, die in konkrete sozio-kulturelle Räume mit vielen besonderen gemeinschaftlichen und gesellschaftlichen Zusammenhängen eingebettet sind. Energiegenossenschaften, Wohnungsgenossenschaften, gemeinschaftsbasierte Formen von Landwirtschaft, Pflege und Sorge oder auch Handwerk gehören genauso dazu wie Unternehmen, die große Infrastrukturen und Plattformen als öffentliche Güter verwalten und entwickeln.

Die konkrete Besitzform bestimmt auch, wer die Reproduktionskosten der eingesetzten Ressourcen übernimmt.[6] Die Aufwendung für Wissen, soweit es als öffentliches Gut behandelt wird, muss die Öffentlichkeit übernehmen. Dies schließt ein,

[6] Der folgende Absatz basiert auf einem Hinweis von Rainer Land.

dass es global frei zur Verfügung gestellt wird, auch wenn die Aufwendungen vor allem innerhalb nationaler Gemeinschaften oder transnationaler Netzwerke entstanden sind. Die Systeme der gesellschaftlichen Regulation (Rechtssystem, Finanzsystem, System öffentlicher Sicherheit usw.) müssen durch gemeinschaftlich erhobene Steuern finanziert werden, während bei der öffentlichen Daseinsvorsorge die Verbindung von allgemeinen Steuern und Abgaben auf Arbeitseinkommen möglich sind. Bei Naturressourcen und Infrastrukturleistungen sind jene, die sie in Anspruch nehmen, über Nutzungsgebühren an den Kosten zu beteiligen, es sei denn, es geht aus sozialen und ökologischen Gründen (wie zum Beispiel beim Öffentlichen Personennahverkehr) darum, sie ggf. entgeltfrei zur Verfügung zu stellen (siehe Brie/Dellheim 2020). Die Kosten für Produktionsmittel und den Einsatz von Arbeitskraft sind durch Unternehmen (im genannten weiten Sinne) und Verwaltungen zu übernehmen. Nur so kann wirtschaftliche Rechnungsführung und Rationalität der eingesetzten Ressourcen durch die Unternehmen und Verwaltungen und die Gesellschaft bewertet werden.

Es gibt vier wesentliche Kriterien für die konkrete Gestaltung der Besitzformen: Erstens ist die zentrale Funktion der zu erbringenden Leistung zu bestimmen. Geht es z. B. um Infrastruktur- und Serviceleistungen für die gesamte Gesellschaft (oder eine ganze Region bzw. Kommune), dann dominiert das öffentliche Interesse. In Unternehmen, die diese Leistungen erbringen, müssen die Vertreter der öffentlichen Gesamtinteressen die dominante Stellung bei der Ausrichtung der Unternehmen haben. Bei Plattformen sind es vor allem die Nutzerinnen und Nutzer, denen diese dominante Stellung gebührt. Bei vielen Gebrauchsgütern sind es die Konsumenten. Sie können ihre Interessen vor allem über die zahlungsfähige Nachfrage, Verbraucherorganisationen, lokale Absatznetzwerke zum Ausdruck bringen. Zweitens müssen weitere Interessen definiert werden, die bei der Produktion und Nutzung von Gütern und Leistungen von Bedeutung sind, und es ist zu fragen, wie diese repräsentiert werden. Dies kann über staatlich gesetzte Standards, Ge- und Verbote, durch Umweltorganisationen, lokale und regionale Regierungen und gemeinnützige Organisationen usw. erfolgen. Teilweise geht es darum, ganze globale Lieferketten zu beeinflussen oder Prozesse von der Herstellung bis zur Wiederverwertung der Rohstoffe. Drittens geht es um die Vertretung der Interessen der Belegschaft. Gute Arbeit, gute Löhne, Mitbestimmung bei der Gestaltung der Arbeitsbedingungen bis hin zur Produktentwicklung und Unternehmensstrategie gehören dazu. Viertens geht es darum, die Rechte und Pflichten des Managements so zu definieren, dass unter den Bedingungen dieser Vielfalt von Stakeholdern und in ihrem Dienst die unternehmerischen Aufgaben mit der notwendigen Entschiedenheit erfüllt werden können. Ihre Aufgabe ist es, die Interessen der Stakeholder in Entwicklung des Unternehmens zu übersetzen (siehe exemplarisch Leibiger 2011: 16, 2022: 55f.).

Die Kombination verschiedener Regulationsformen

Fünftens bedarf es einer neuen, nichtkapitalistischen Regulation der Wirtschaft. Mit Recht stellt Raul Zelik fest, dass die sowjetisch geprägten Länder »keinen dem Markt überlegenen Vergesellschaftungsmechanismus« (Zelik 2020: 159) hervorgebracht hatten. Wie er deutlich macht, kann es auch nicht darum gehen, angesichts der Gefahren marktförmiger Vergesellschaftungsformen sich in die Hände omnipotenter Planung zu flüchten (oder umgekehrt): »Die Stärke des Marktmechanismus ist seine größte Schwäche: gedanken- und bindungslose Kooperation.« Andererseits stimme: »Auch gemeinsame und demokratische Planung kann zum Albtraum werden.« (Zelik 2020: 228) Dies gilt aber genauso für Gemeinschaftsformen oder Netzwerke. Sie haben alle ihre je spezifischen Stärken, die zugleich ihre Schwächen im Vergleich mit anderen Vergesellschaftungsformen sind (vgl. Brie 1996). Der Versuch, Staat und staatliche Planung oder unmittelbare Gemeinschaftlichkeit absolut zu setzen, musste genauso scheitern wie die Verabsolutierung der Märkte. Die »Überlegenheit« des Sozialismus besteht nicht in der Herausbildung der einen einzigen Vergesellschaftungsform, sondern in einer neuen Kombination und Umgestaltung der vorhanden Vergesellschaftungsformen mit dem genannten Doppelziel und unter grundlegend veränderten Eigentums- und Machtverhältnissen.

Dieter Klein hat überzeugend nachgewiesen, dass es darauf ankommt, drei Regulationsformen mit ihren jeweiligen Potenzialen und Grenzen zu kombinieren – staatliche Planung und Steuerung, Märkte und die Selbstorganisation durch die Zivilgesellschaft: »Im Zentrum politischer Kunst bei der Herausbildung und bewussten Gestaltung einer progressiven Regulationsweise wird das Dreieck von 1.) zentraler gesellschaftlicher Planung und Lenkung, 2.) eingehegtem Marktmechanismus und 3.) dem Handeln zivilgesellschaftliche Akteure stehen.« (Klein 2022: 103) Ohne gesellschaftliche Planung und Lenkung ist ein Sozialismus unmöglich, weil den Gesamtinteressen an der Wahrung und Mehrung der Gemeingüter der Gesellschaft und ihrer natürlichen wie kulturellen Lebensgrundlagen sonst nicht bewusst und wirksam Rechnung getragen werden kann. Ohne Märkte kann die Komplexität der Kooperation zwischen Unternehmen einerseits und Konsumenten andererseits nicht effektiv gestaltet werden. Und ohne die Zivilgesellschaft können die wesentlichen Bedürfnisse nicht zur Sprache gebracht und wirksam artikuliert werden, um deren Befriedigung es geht.

Ein sozialistischer Reproduktionsprozess basiert auf zwei Säulen. Man könnte auch von einer Art Doppelherrschaft sprechen, die die beiden zentralen Eigentümerpole (die Einzelnen wie die Gesamtgesellschaft) verkörpern: Die erste Säule sind lebendige Zivilgesellschaften, in denen Individuen und ihre Verbände ihre Interessen artikulieren, die auf ihre freie und solidarische Entwicklung zielen. Das ist keine Zivilgesellschaft der Harmonie, sondern der offenen Auseinandersetzung um alternative Zielstellungen. Die zweite Säule sind durchsetzungsstarke Organe der Gemeinschaftswillen, die die gemeinschaftlichen Grundlagen freier Entwicklung mit Autorität schützen und ausbauen. Auch diese Säule wird immer durch starke Gegensätze geprägt sein. Auch hier stoßen alternative Zielvorstellungen hart aufeinander. Und zudem stehen beide Säulen ihrerseits im Widerspruch zueinander.

Den beiden Säulen entsprechen auch zwei sehr unterschiedliche Prinzipien im Verhältnis des Einzelnen zur Gesellschaft, die in der Geschichte des Sozialismus oft gegeneinandergestellt wurden. Beide Prinzipien haben einen gemeinsamen Ausgangspunkt: Jede und jeder bringt sich in die Gesellschaft entsprechend seinen Fähigkeiten ein. Dies ist auch ein Anspruch, den das konkrete Umfeld eines Menschen berechtigter Weise an ihn haben kann. Gesellschaften sind nur dann lebensfähig, wenn sie sich als Solidargemeinschaften bewähren. Ausgehend von diesem gemeinsamen Ausgangspunkt sollte in einer sozialistischen Gesellschaft einerseits das Prinzip »Jedem nach seinen Bedürfnissen!« und andererseits das Prinzip »Jedem nach seiner Leistung!« zur Geltung gebracht werden. Beim Prinzip der Verteilung nach den Bedürfnissen geht es um die Gleichheit des Zugangs zu den Grundgütern eines freien Lebens in Würde (Klein 2003). Niemand soll von diesen Freiheitsgütern ausgeschlossen werden. Auch über diese Grundgüter hinaus sollte angestrebt werden, vor allem die schon genannten öffentlichen Güter rein nach Bedürfnissen allen zur Verfügung zustellen und dafür die notwendige Infrastruktur zu schaffen und aufrecht zu erhalten. Anders als das Bedürfnisprinzip hat das Leistungsprinzip einen Wettbewerbscharakter. Persönliche Anerkennung, Zugang zu Ressourcen im Rahmen von Organisationen und Unternehmen, Übertragung von Leitungsfunktionen ist – insoweit es über den grundlegenden Respekt und die Grundgüter eines freien Lebens sowie öffentliche Güter hinausgeht – in beträchtlichem Maße leistungsabhängig. Viele der Organisationen und Unternehmen stehen auch in einer sozialistischen Gesellschaft in einem Wettbewerb miteinander um die knappen Ressourcen der Gesellschaft und ihre nachhaltige Bewirtschaftung. Die Gegensätze beider Prinzipien sind damit vorprogrammiert und müssen ausgetragen werden.

Diese beiden genannten Säulen definieren die gebrauchswertmäßige Orientierung eines sozialistischen Akkumulationsprozesses. Nicht die Selbstverwertung des abstrakten Werts, des vorgeschossenen Kapitals, der privaten Ansprüche auf die Vergrößerung des privaten Vermögens ist das übergreifende Ziel, sondern es geht um jene Infrastrukturen, jene Dienstleistungen und jene Güter, die für die Realisierung des sozialistischen Doppelziels freier Entwicklung der Individuen und solidarischen Stärkung der gemeinschaftlichen Grundlagen entscheidend sind.

Ein Marktsozialismus ist unmöglich. Die Märkte müssen durch das Handeln staatlicher Akteure einerseits und der Zivilgesellschaft andererseits sozialisiert werden (vgl. Elson 1988: 4). Eine sozialistische Wirtschaft stellt eine moralische Wirtschaft dar (vgl. Sayer 2004), die die Produktion, Verteilung und Nutzung der Güter wieder an ethisch begründete Werte (die freie Entwicklung der Individuen und die erweiterte Reproduktion der Gemeingüter als Fundament der Gesellschaft) bindet. Das Primat der Gebrauchswertorientierung einer sozialistischen Wirtschaft darf aber nicht so verstanden werden, dass jede Notwendigkeit entfallen würde, zu ihrer Durchsetzung abstrakte Wertformen wie Preise, Normen, Zinsraten usw. zu bilden oder rechtliche und andere staatliche Vorgaben zu machen. Komplexe Gesellschaften brauchen Verallgemeinerungsformen, die Vergleichbarkeit ermöglichen – von Kosten und Nutzen, von Leistungen, von Angeboten für konkrete Projekte, von Einhaltung vorgegebener Normen usw. Es ist ein falscher Gegensatz, wenn das Primat der Gebrauchswertorientierung einer sozialistischen Produktion jeder Nutzung von Wertformen oder staatlicher Normative gegenübergestellt wird. Insofern bleibt auch das gesellschaftliche Interesse, die Wettbewerbskraft der Unternehmen an der Effizienz der Nutzung der eingesetzten Ressourcen, sprich: dem Maß der Kapitalverwertung, zu messen. Nur sind diese Wertformen und öffentlichen Normative dann nicht mehr der dominierende Maßstab, sondern nur ein dienendes Mittel, das immer wieder unter Kontrolle gebracht werden muss.

Es bedarf im Sozialismus gleichermaßen einer starken Zivilgesellschaft und eines starken Staates. Die *Qualität der Stärke* der Zivilgesellschaft und die des Staates sind dabei grundsätzlich voneinander unterschieden. Bei der Zivilgesellschaft geht es vor allem um die Fähigkeit zur emanzipatorischen und solidarischen Selbstartikulation und Selbstorganisation der Individuen und Gruppen der Gesellschaft. Der Kampf darum, dies zu können, wird vor allem in der Zivilgesellschaft selbst ausgefochten. Beim Staat steht die Fähigkeit im Zentrum, einerseits den langfristigen Allgemeininteressen Geltung zu verschaffen; andererseits kommt es darauf an, die Räume für die solidarische Austragung der Interessengegensätze sowie für die rechtlich gestützte Vermittlung der Verhältnisse zwischen den Individuen und Gruppen, Organisationen und Unternehmen in einer Weise zu sichern, die möglichst hohe Freiheit der Einzelnen und gemeinsame Entwicklung aller verbindet. Auf beiden Ebenen müsste in einer sozialistischen Gesellschaft für die Durchsetzung gewirkt werden. So verstanden, bedingen sich eine starke Zivilgesellschaft und ein starker Staat wechselseitig, wie es im Neoliberalismus auch ein starker Finanzmarkt-Kapitalismus und ein Wettbewerbsstaat tun (vgl. Hirsch 1995; vgl. Huffschmid 1999).

Im liberalen Denken wird suggeriert, als sei Wirtschaft vor allem Marktwirtschaft, zumindest in den westlichen Gesellschaften. Dies ist aber eine ideologische Fehlwahrnehmung. Neben den Sektoren, in denen Erwerbsarbeit in dieser oder jener Gestalt geleistet wird, gibt es den riesigen Bereich der *Subsistenzwirtschaft*, d. h. der Selbstversorgung mit Leistungen für sich selbst und andere in den Haushalten. Das Statistische Bundesamt kam im Ergebnis einer umfassenden empirischen Studie 2003 zu dem Schluss, dass das Verhältnis von bezahlter zu unbezahlter Arbeit bei 1:1,7 liegt. Es wurde zu diesem Zeitpunkt in der Bundesrepublik also zwei Drittel mehr unbezahlte Arbeit (und dies deutlich überproportional von Frauen) geleistet als bezahlte Arbeit (vgl. Statistisches Bundesamt 2003: 11). Der vom Arbeitsvolumen gegenwärtig noch zweitgrößte Sektor ist der der Marktwirtschaft. In einer Marktwirtschaft sind es Unternehmen, die auf eigene Rechnung und eigenes Risiko die Entscheidungen über Investitionen, den Erwerb von Ressourcen, die Produkte und ihren Verkauf usw. treffen und dabei in Konkurrenz zu anderen Unternehmen stehen. Die Preise der Güter entstehen auf der Basis von Angebot und Nachfrage.

Ein dritter Sektor ist das, was man öffentliche Gemeinwohlwirtschaft nennen kann. In diesem Falle sind es die Verwaltungen, die die Erbringung von Leistungen organisieren. Hier werden die Ressourcenaufwendungen weitgehend zentral vorgegeben, der Charakter und Umfang der zu erbringenden Leistungen administrativ vorgeschrieben, die Höhe der Bezahlung in hohem Maße durch öffentliche Festlegungen bestimmt. Es handelt sich vor allem um die öffentliche Daseinsvorsorge. Viele Wirtschaftseinrichtungen und Dienstleistungsorganisationen sind direkt den Verwaltungen unterstellt. Die öffentliche Daseinsvorsorge reicht von Bildung über Gesundheits- und Pflegeleistungen, die Feuerwehr, die Energie- und Wasserversorgung, Abfallbeseitigung, Teile der Infrastruktur usw. Im Zusammenhang mit der Ökologisierung und Digitalisierung sowie dem notwendigen Ausbau verschiedenster Formen von Sorge und Vorsorge gewinnt dieser Sektor an Bedeutung.

Es ist ein fundamentales Missverständnis anzunehmen, Marktwirtschaften seien zwangsläufig ungeplant und öffentliche Gemeinwohlwirtschaften notwendig Planwirtschaften. Die Identifikation von Planung mit Verwaltung hat zu fatalen Fehlorientierungen geführt. Jede Nutzung marktwirtschaftlicher Instrumente erschien als Abkehr von einer Planwirtschaft und umgekehrt wurde jede Stärkung von bürokratischer Unterordnung als Fortschritt bei Planung angesehen. Marktwirtschaftliche und gemeinwohlwirtschaftliche Sektoren können mehr oder minder stark von individuellen Entscheidungen dominiert, gesellschaftlich reguliert oder sogar planorientiert gelenkt werden. Wenn in einer öffentlichen Gemeinwohlwirtschaft die Vorgaben für die Wirtschaftseinheiten aus der bloßen Aggregation der gemeldeten Nachfrage der Individuen einer Gemeinschaft nach bestimmten Gütern und der dafür notwendigen Bereitstellung von Ressourcen hervorgehen, ohne dass dabei über die grundlegenden gesellschaftlichen Ziele diskutiert und entschieden wird, dann kommt es zu einer unregulierten und ungeplanten Entwicklung, obwohl die Ressourcen für diese Entwicklung zentral verwaltet werden. Die wirtschaftlichen Entscheidungen sind dann wie in einer ungelenkten Marktwirtschaft das Resultat der individuellen Entscheidungen, ohne an gesellschaftliche Richtungsentscheidungen gebunden zu sein. Ein großer Teil der Ressourcen könnte z. B. wie auch in Marktwirtschaften in eine extraktive umweltzerstörende Autogesellschaft fließen, über deren Ausbau nicht gemeinschaftlich beraten und deren Folgen nicht antizipiert werden. Die Verwaltungsorgane würden nur die Bedingungen für die Sicherung der individuellen Entscheidungen sichern. Die Frage von Regulation und Planung bzw. Lenkung bezieht sich also nicht nur auf die Marktwirtschaft, sondern auch auf die Gemeinwohlwirtschaft.

Für komplexe Gesellschaften sind vielfach Mischformen charakteristisch, in denen marktwirtschaftliche und gemeinwohlwirtschaftliche Elemente verbunden und mit subsistenzwirtschaftlichen Strukturen verbunden werden. Auch letztere werden teilweise durch Förderung und Vorgaben reguliert und an gesellschaftlichen Bedürfnissen orientiert. Von einem Entweder-Oder kann nur selten gesprochen werden.

Rainer Land hat in diesem Zusammenhang das Konzept der *gelenkten Kapitalverwertungswirtschaft* entwickelt. In einer solchen Wirtschaft würden nicht nur die bekannten Instrumente der Wirtschaftsregulierung wie die Regulation des Geldsystems, der Löhne und Transfereinkommen, des Ersatzes von Infrastruktur, der Finanzpolitik oder der Handlungs- und Zahlungsbilanz eingesetzt, um Kapitalverwertung zu stabilisieren und grundlegenden Stabilitätsanforderungen gerecht zu werden: »Eine gelenkte Kapitalverwertungswirtschaft bedeutet, dass Entwicklungstendenzen durch die Gesellschaft, die Richtungen der Veränderung des Produktionssystems und bestimmter Parameter (Produktivität, Einkommen, …) gelenkt werden. Es geht also nicht nur um funktionierende Reproduktion und ggf. Wachstum (Wachstum kann auch Null sein), sondern um die inhaltlichen Tendenzen: Welche Güter, welche Leistungen, welche Infrastrukturen, welche Forschungs- und Entwicklungsrichtungen, welche Art und Dimensionen der Naturnutzung werden produziert und neu entwickelt.« (Land 2021: 3) Da eine solche Lenkung aber auch die öffentliche Daseinsvorsorge umfasst, bei der Verwaltungen als Leistungsträger fungieren oder diese doch zumindest weitgehend vorgeben, könnte man auch von einer *gelenkten Mischwirtschaft* sprechen (Grafik 7). Sie vereint Orientierung an Planung durch Lenkung wesentlicher Entwicklungen, eigenverantwortliche unternehmerische Tätigkeit in sehr verschiedenen Besitzformen unter den Bedingungen von Märkten und Kapitalverwertung sowie gemeinwohlwirtschaftliche Organisation von Wirtschaftssektoren. Eine sozialistische Wirtschaft muss, will sie sich an den beiden allgemeinen Formeln des Sozialismus orientieren und den

Abb. 7: Marktwirtschaft und Gemeinwohlwirtschaft

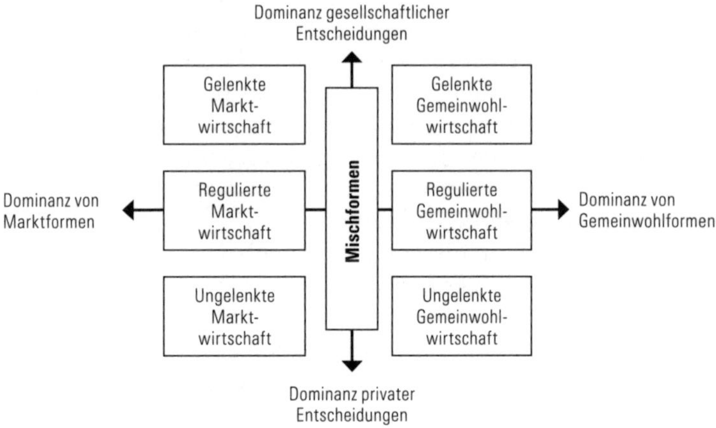

Interessen der beiden Eigentümer (den Individuen und der Gesamtgesellschaft) gerecht werden, zweifelsohne eine an bestimmten Planvorgaben orientierte, sprich gelenkte Mischwirtschaft sein, in der einerseits die Entscheidungen der Einzelnen, selbst die Ziele ihrer eigenen freien Entwicklung zu bestimmen, und andererseits die Entscheidungen der Gesamtheit über die Ziele der gemeinsamen Entwicklung, eine lenkende Wirkung haben.

Der Wille der Vielen und der Gemeinwille

Eine der schwierigsten Fragen der Gestaltung sozialistischer Verhältnisse ist es sechstens, die politische Form für die Austragung der oben genannten Widersprüche zu finden. Die Willen der Vielen und die Willen der Gemeinschaften fallen nicht zusammen und zeigen auch niemals in die gleiche Richtung. Die liberale Demokratie, die den Willen der Einzelnen und ihre besonderen Interessen zum alleinigen Ausgangspunkt hat, stößt hier genauso an ihre Grenzen wie eine Volksdemokratie, die den gemeinsamen Willen aller und die Vertretung des Gemeinwohls als ihren einzigen Ausgangspunkt sieht. Die ökologische Krise sowie die scharfen globalen und innerstaatlichen sozialen Gegensätze spitzen diese Widersprüche weiter zu. Die zuerst von

Rousseau entwickelten Widersprüche zwischen dem Willen der Vielen und dem Allgemein- oder Gemeinwillen, dem volonté de tous und dem volonté générale, treten in der heutigen Krise des Kapitalismus immer stärker in den Vordergrund. Dies gilt besonders dann, wenn der sich durchsetzende Wille vor allem der Wille der Wenigen ist, der die Entwicklungsrichtung der globalen Gesellschaft dominiert.

Ausgangspunkt für Rousseau war ein empirisches Faktum: Die Differenz zwischen einer durch einen Einzelnen überschaubaren Hauswirtschaft und der Wirtschaft einer komplexen, arbeitsteiligen und durch eine Vielfalt von Austauschprozessen geprägten Gesellschaft. Auf dieses Faktum war er gestoßen, als er an der Erarbeitung des Eintrags »Politische Ökonomie« für die »Enzyklopädie« von Denis Diderot und Jean-Baptiste le Rond d'Alembert ging. Er unterschied radikal zwischen der Interessenlage des Vorstands eines Haushalts im Verhältnis zur eigenen Familie und dem Interesse des politischen Herrschers gegenüber seinen Untertanen. Bei Herrschern kann, so Rousseau, von einer irgendwie gearteten Identität seiner Interessen mit denen der Bürger des Staates nicht die Rede sein: »Das Staatsoberhaupt ist weit davon entfernt, ein natürliches Interesse am Glück der einzelnen zu haben, ja, nicht selten sucht er das seine in ihrem Elend.« (Rousseau 1989a: 337)

Für Rousseau gab es erstens das Gemeininteresse aller derer, die zu einem Staat gehören. Dieser sei »individuell gefasst« »ein organisierter, lebender Körper« (Rousseau 1989a: 339). Zweitens machte er innerhalb dieses Staatskörpers die verschiedenen »anderen kleineren Gesellschaften« (Rousseau 1989a: 340) aus, die jeweils besondere Interessen und einen besonderen Willen im Unterschied zum allgemeinen Willen Aller (Gemeinwille) als Staatskörper haben. Drittens verwies er auf die Einzelwillen der Staatsbürger bei der Verfolgung ihrer persönlichen und familiären Interessen. Aus diesen Annahmen zog Rousseau die Konsequenz, dass der Staat »ein moralisches Wesen« ist, »das einen Willen hat; und dieser Gemeinwille, der immer nach Bewahrung und nach Wohlbefinden des Ganzen und jedes Teils trachtet und der die Quelle der Gesetze ist, ist für alle Glieder des Staates im Hinblick auf sie wie auf

Abb. 8: Spannungsfelder der Demokratie

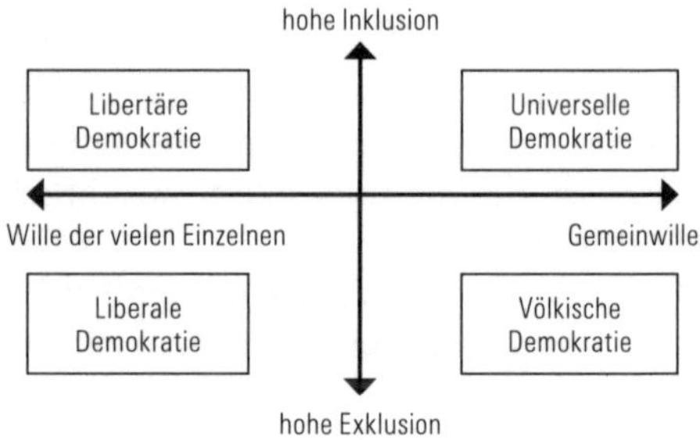

ihn die Richtschnur für Recht und Unrecht« (Rousseau 1989a: 339). Im »Genfer Manuskript«, einer Vorarbeit zu »Vom Gesellschaftsvertrag«, heißt es: »Da nun der Wille stets nach dem Wohl des Wesens strebt, das will, da der partikulare Wille stets das private Interesse verfolgt und der Gemeinwille das gemeinsame Interesse, folgt daraus, dass dieser letztere allein die wahre Triebfeder des gesellschaftlichen Körpers ist oder sein sollte.« (zitiert in Rousseau 1989b: 639) In der Schrift »Vom Gesellschaftsvertrag« wurde dieses Differenz konstitutiv und es heißt: »Oft besteht ein großer Unterschied zwischen dem Willen aller (volonté de tous) und dem Gemeinwillen (volonté générale); letzterer zielt nur auf das Gemeininteresse (l'intérêt commun), ersterer auf das Einzelinteresse (l'intérêt privé) und ist nur die Summe von Einzelwillen (somme de volontés particulières)« (Rousseau 1989b: 403). Keineswegs vergessen werden sollte, dass das »Alle« sehr weit oder sehr eng gefasst werden kann. Abb. 8 veranschaulicht, wieso sehr unterschiedliche demokratische Systeme möglich sind.

Die liberale Demokratietheorie geht davon aus, dass Menschen unter den Bedingungen von freier Rede und Organisation sich so über ihre Interessen aufzuklären vermögen, dass sie nicht nur persönlich, sondern auch gesamtgesellschaftlich rationale Entscheidungen treffen. Eine Hauptentscheidung ist die Wahl von politischen Repräsentanten (Parteien, Personen), die ihrerseits dann die konkreten Beschlüsse fassen sollen, die im Interesse der Bürgerinnen und Bürgern sind. Selbst wann man unterstellt, dass alle

Bürgerinnen und Bürgern gleiche Bedingungen der Information haben und auf gleiche Weise zu rationaler Entscheidung fähig sind, dass ihre Auffassungen das gleiche Gewicht für die Gewählten haben und es keine privilegierten Lobbygruppen gibt, dass diese Gewählten aus Eigeninteresse tatsächlich den Interessen der sie Wählenden verpflichtet sind, so dass das Versprechen politischer Teilhabe nicht gebrochen wird (siehe Huke 2021) – was alles den bekannten Tatsachen liberaler kapitalistischer Gesellschaften widerspricht, wird dabei das von Rousseau aufgezeigte Problem nicht gelöst. Vom Standpunkt der vielen Einzelnen lässt sich das Gemeininteresse nicht unmittelbar ableiten. Wie Rainer Land deutlich macht, sind komplexe Gesellschaften durch »eine neue Form der Koevolution und des Ausgleichs zwischen Gesellschaft und Individuen, Gesellschaftskörper und Lebenswelt« geprägt. »Dies«, so Land, »setzt also politische Diskurse (Interesse Systemerhaltung, Gemeinwohl) der gesellschaftlichen Akteure und Organisationen über die Erhaltung des Gesellschaftskörpers einerseits und lebensweltliche kulturelle Diskurse der Individuen in den verschiedenen Lebenswelten und Milieus voraus – und die Auseinandersetzung zwischen diesen beiden Perspektiven.« (Land 2021: 16)

Selbst viele von links formulierte Demokratiekonzeptionen verfallen dem methodologischen Individualismus, der das Ganze des Gesellschaftskörpers verfehlt. So heißt es bei Stephan Lessenich: »Unter Demokratie verstehe ich ein über je spezifische Organisationsstrukturen und Entscheidungsverfahren vermitteltes *Prinzip gesellschaftlicher Selbststeuerung*, in dessen Zentrum die *Idee wechselseitiger Berechtigung* steht. Die Bürger*innen eines demokratischen Gemeinwesens vertreten sich in eigener Person und im eigenen Interesse in den für sie relevanten Belangen, und indem jede*r Bürger*in dieses Selbstvertretungsrecht auch allen anderen Bürger*innen gleichermaßen zuerkennt, lässt er beziehungsweise sie es zu einem kollektiven, oder genauer, kollektiv-individuellen Recht werden.« (Lessenich 2019: 123) Das Gemeinwohl erscheint in diesem Verständnis von Demokratie nur als Ausdruck des möglichst ungehindert formulierten Willens der Einzelnen, die sich wechselseitig anerkennen. Selbst diese radikal libertäre Fassung von Demokratie ist deshalb nur eine Demokratie der Vielen. Ihr fehlt ihr Widerpart – die Demokratie des Volkes als Demokratie aller gemeinsam im gemeinschaftlichen Interesse. Wie David Salomon mit Blick auf die Geschichte der Demokratie in Westeuropa schreibt: »Indem die Unterklassen um die Ausweitung von Mitbestimmungsmöglichkeiten, für den Abbau von politischen Diskriminierungen und sozialen Ungleichheitsverhältnissen oder für die Beseitigung der durch die kapitalistische Produktionsweise erzeugten Herrschaftsverhältnisse kämpfen, […] kämpfen sie zugleich auch für die Durchsetzung des im Demokratiebegriff angelegten Gemeininteresses.« (Salomon 2012: 12)

Was als »Wille der vielen Einzelnen«, dem »Willen vieler Zusammenschlüsse« und dem »Gemeinwillen« bezeichnet wird, drückt Reproduktionsinteressen der Einzelnen, von Gruppen und der Gesamtgesellschaft aus. Diese Interessen werden durch Werte interpretiert und in den Willen gehen Erfahrungen, Reflexionen, mehr oder minder rationale Abwägungen ein. Es geht um Reproduktionsnotwendigkeiten und um Entwicklungschancen, die abhängig sind vom Grad der erreichten Freiheitsgrade der Individuen, gesellschaftlicher Gruppen und der Gesamtgesellschaft.

Wenn dies richtig ist, dann gibt es den demokratischen Souverän immer doppelt – als Souveränität der Willensbildung der Vielen im individuellen Interesse und als Souveränität der Willensbildung aller im gemeinschaftlichen Interesse. Den liberalen Traditionen stehen volksdemokratische Traditionen gegenüber. Teile der westlichen Linken schlagen das Rousseausche Erbe der Volksdemokratie als totalitär aus. Dabei steht zwangsläufig die Frage, wie ein Gemeinwille gebildet werden kann, der unter keinen Bedingungen mit der Aggregation der Einzelwillen identisch sein kann, selbst wenn man davon absieht, dass die Wirkungsmacht der Willen Einzelner im liberalen Kapitalismus sehr ungleich verteilt ist. Aber nicht jede Bildung eines Gemeinwillens im Widerspruch zum Willen der Einzelnen ist totalitär, auch wenn sie auf das Ganze geht ist. Entscheidend ist das Verhältnis eines solchen Ganzen zu den Teilen.

Viviana Asara hat völlig recht, wenn sie in ihrer Kritik an Lesenichs Position schreibt: »Faktisch ist die liberale demokratische Politikgestaltung, ungeachtet ihres Prozeduralismus und Neutralitätsanspruches, alles andere als unparteiisch, da sie einen systematischen Bias zuungunsten des Schutzes öffentlicher Umweltinteressen und zugunsten von Privatinteressen einschließlich liberaler Freiheiten wie der Vertragsfreiheit aufweist.« (Asara 2019: 147f.) Die Stärke einer stabilen liberalen Demokratie liegt vor allem darin, dass sie dem Einzelnen klare individuelle Rechte gibt und sie vor staatlicher Willkür zu schützen vermag. Ihre Schwäche ist es, dass das Interesse an der Sicherung der Reproduktion des Gesellschaftskörpers, der Wahrung seiner natürlichen, sozialen, politischen und kulturellen Fundamente keinesfalls unmittelbar mit der Durchsetzung der Interessen der vielen Einzelnen identisch ist. Die sozial Schwächeren haben zwar die gleichen formellen liberalen Rechte, aber keinesfalls die gleiche reale Macht, in einer liberalen Demokratie ihre Rechte und Interessen zur Geltung zu bringen. Die liberale Demokratie beruht auf Annahmen, die sie ständig selbst widerlegt (Dunn 2020). Auch wenn die heutigen antagonistischen Vergesellschaftungsformen mit ihrer erbarmungslosen Logik der Konkurrenz in einer sozialistischen Gesellschaft überwunden werden, bleibt doch die Differenz von individuellen, kollektiven und Gesamtinteressen, die vermittelt werden muss. Demokratische Reformen im Hier und Jetzt müssen beides zugleich erreichen – Zurückdrängung der Dominanz der Interessen der Kapitalverwertung über die Interessen der Vielen *und* Stärkung des Gemeinwohls. Es geht um ein neues Verhältnis der Artikulation von Einzel- und Gesamtinteressen.

Nur ein Beispiel: Über viele Jahre hat der bundesdeutsche Souverän, das Wahlvolk, Regierungen gewählt, die die Bewahrung und Bereicherung des natürlichen Lebensraums und Reichtums sträflich vernachlässigt haben. Zwar wurde 1994, auch ausgehend von Forderungen aus dem Umbruch in der DDR, in Artikel 20a des Grundgesetzes festgelegt, dass »in Verantwortung für die künftigen Generationen die natürlichen Lebensgrundlagen und die Tiere« durch Gesetz und Recht zu schützen seien. Wie es in der FAZ hieß: »Seit 1994 ist damit Umweltschutz als Staatsziel im Grundgesetz festgeschrieben. Debatten gab es immer, jetzt aber erst erschüttert dieser bahnbrechende Grundgesetzartikel das Land. Jetzt, da das Bundesverfassungsgericht mit Beschluss vom 24. März 2021 das Staatsziel revolutionär aufgewertet hat. Klimaschutz, so hat das höchste Gremium der deutschen Rechtsprechung festgelegt, muss vom Gesetzgeber so gestaltet und konkret gefasst sein, dass auch die Kinder, Enkel und Nachgeborenen ihre freiheitlichen Grundrechte in der Zukunft ausüben können. Das Prinzip Verantwortung im Verfassungsrang.« (Müller-Jung 2021) Es war eine kleine Gruppe von Richterinnen und Richtern, die zweifelsohne auch unter dem Eindruck der neueren Klimabewegung, diese Verfassungsrevolution vollzog.

Das Gericht ging so weit, nicht nur die zeitliche Ausdehnung des Schutzes der Grundrechte als Freiheitsrechte als Staatsauftrag verbindlich zu formulieren, sondern auch eine räumliche Ausdehnung weit über das Staatsgebiet hinaus für möglich zu erklären: »Es erscheint prinzipiell denkbar, bedarf hier aber letztlich keiner Entscheidung, dass grundrechtliche Schutzpflichten den Staat auch gegenüber den in Bangladesch und in Nepal lebenden Beschwerdeführenden verpflichten, gegen Beeinträchtigungen durch den globalen Klimawandel vorzugehen.« (zitiert in Müller-Jung 2021) Da die Verfassung nicht nur die staatlichen Organe, sondern auch private Akteure in die Pflicht nimmt, ist dies zweifelsohne eine Verfassungsrevolution auf der Basis der gegebenen Verfassung. Ein Gutachten zum Urteil des Bundesverfassungsgerichts kommt zu dem Schluss: »Der grundrechtliche Gegenstand ist (neben dem Eigentumsgrundrecht) der gesamte Schutz der elementaren Freiheitsvoraussetzungen; es werden explizit Leben und Gesundheit und auch das ökologische Existenzminimum als Grundrechtsgüter in puncto Klimaschutz anerkannt. Die Grundrechte schützen dabei, wie nun endlich anerkannt wird, auch die intertemporale und (das war bisher nur vereinzelt und jenseits des Umweltschutzes anerkannt) grenzüberschreitende Freiheit und ihre elementaren Voraussetzungen, nicht nur die Freiheit hier und heute [Rn. 175 und 182ff. der Entscheidung]. Das ist ein Meilenstein für das Recht […].« (Ekardt et al. 2021: 5f.) Das Urteil des Bundesverfassungsgerichts würde die Tür öffnen, um große fossile Unternehmen zu verklagen (vgl. Ekardt et al. 2021: 26).

Hartmut Rosa gehört zu jener Minderheit, die das radikale Erbe Rousseaus nicht ausschlagen. Für ihn ist Demokratie nur dann legitim, wenn sie »der Idee eines Gemeinwohls als regulative Idee politischen Handelns« verpflichtet ist. Er betont: »Ohne diese Idee, so möchte ich zeigen, lässt sich eine demokratische Kultur und Gestaltung der geteilten Welt nicht konsistent denken und nicht auf Dauer realisieren. Dies gilt unbeschadet der dreifachen Unschärfe, *was* dieses Wohl sei, *wessen* Wohl es sei und wie das *Gemeine* zu verstehen sei, die konstitutiv zu diesem Begriff gehört.« (Rosa 2019: 161). Es ist das eine, den Willen der vielen Einzelnen demokratisch zum Ausdruck zu bringen und ausgehend davon Politik zu gestalten; etwas völlig anderes dagegen, den gemeinsamen Willen aller zu formulieren und politisch durchzusetzen. Dies gilt auch für eine sozialistische Gesellschaft, von der angenommen werden kann, dass viele Spaltungen sozialer Ungleichheit überwunden sind. Gerade dann, wenn die Kapitaldominanz überwunden wird, so sei behauptet, tritt der von Rousseau in Anschlag gebrachte Unterschied zwischen dem Willen der Vielen und dem gemeinsamen Willen Aller offen in den Vordergrund.

Die liberale Demokratie privilegiert die Artikulation der volonté de tous mit Schwerpunkt der privilegierten Klassen und Gruppen sowie kurzfristiger Ziele und diskriminiert die Interessen der gesellschaftlich Schwächeren sowie die langfristigen Allgemeininteressen. Seit der Ausarbeitung der Verfassung der USA ist dieser Konflikt in allen verfassungsgebenden und verfassungsändernden Prozessen präsent. Es gibt immer neue Versuche, diese doppelt einseitige Privilegierung einerseits und die gleichzeitige Diskriminierung von Gemeinwohlinteressen andererseits aufzulösen. Wichtige Erfahrungen wurden auch in Lateinamerika gewonnen. Die Verfassungsprojekte in Ecuador oder Bolivien und Venezuela waren wichtige Meilensteine bei der Entwicklung eines Verfassungsverständnisses, dass den Rahmen des Liberalismus sprengt (vgl. Lang 2012; Zelik/Tauss 2013; Graf 2021; siehe auch Avritzer 2012). Wie Hernán Ibarra mit Blick auf den verfassungsgebenden Prozess in Ecuador 2007/8 feststellt: »Ein bemerkenswerter Unterschied zu früheren Verfassungen besteht darin, dass die verfassungsmäßigen Definitionen von den Ansichten und Ausrichtungen sozialer Bewegungen, Nichtregierungsorganisationen, Identitätskollektiven, Teilen des Staatsapparats, Universitäten und Kirchen stammen und kaum noch von Juristen oder Verfassungsexperten formuliert wurden. Die Vorschläge und Konzepte der Ökologen, Feministinnen, sozialen und indigenen Organisationen hatten bei den Verhandlungsgruppen und den Diskussionen über die Verfassungsartikel viel Gewicht. Dementsprechend fanden ursprünglich soziologische und anthropologische Konzepte zusammen mit sozialen Forderungen und Formulierungen der öffentlichen Politik in Form juristischer Normen Eingang in die Verfassung. Das gilt für Konzepte wie Buen Vivir, Interkulturalität, Nationalitäten und Völker, Rechte der Natur, Ernährungssicherheit, Wirtschaft des Volkes und solidarische Wirtschaft. Auch die Formulierung Rechtestaat (im Plural) zeigt, dass es galt, sich vom Rechtsstaat zu unterscheiden.« (Ibarra 2010: 83f.) Demokratisierung der Demokratie verlangt, oberhalb wie unterhalb der heutigen liberal-demokratischen Institutionen Räume für grundsätzliche Entscheidungsprozesse zu öffnen und die Grenzen zwischen den Entscheidungen der vielen Einzelnen und aller gemeinsam, über grundsätzliche Entwicklungsrichtungen der Gesellschaft, über das Verhältnis der verschiedenen Bereiche natürlicher wie gesellschaftlicher Reproduktion, der Verhältnisse der verschiedenen sozialen Gruppen zueinander usw. neu zu ziehen Es könnte auch von Metapolitik gesprochen werden (vgl. Fraser 2022: 153).

Der neoliberale Finanzmarkt-Kapitalismus und das bisherige kapitalistische Akkumulationsmodell, das nicht nur auf der Ausbeutung menschlicher Arbeitskraft, sondern auch der Natur basierte, haben den Widerspruch zwischen dem Willen der Wenigen, die oligarchisch den kapitalistischen Gesamtprozess beherrschen, dem Willen der Vielen, die daran teils partizipieren, teils davon negativ betroffen sind, und dem Gemeinwillen, wenn man darunter das Interesse an nachhaltiger solidarischer Entwicklung versteht, wie sie in den *Sustainable Development Goals* der Vereinten

Nationen ausgedrückt sind, zugespitzt. Der Tempel der liberalen Demokratie, der US-Kongress, wurde im Januar 2021 zum Ort des Schauspiels eines antiliberalen Staatsstreichs des Noch-Präsidenten im Weißen Haus, der gerade noch abgewendet wurde. Wenn der liberale Staat nicht mehr verhindern kann, dass großen Teilen der Bevölkerung Anerkennung versagt wird, dass sie und die Regionen, in denen sie leben, mit Abstieg konfrontiert sind, wenn elementare Sicherheitsversprechen nicht mehr gelten, dann geht der Glaube verloren, dass liberal-demokratische Regeln nicht nur wenigen, sondern letztlich allen nützten. Teile des Volkes wenden sich gegen diese Regeln – sei es im Namen von umfassenderer Demokratie und Gerechtigkeit, sei es im Namen autoritärer Gruppen und ihrer Führer.

Der Widerspruch zwischen dem Willen der Vielen als Einzelne oder als einzelne Gruppen einerseits und dem Gemeinwillen reflektiert den Widerspruch komplexer Gesellschaften zwischen der Reproduktion und Entwicklung der Individuen und der Reproduktion und Entwicklung des Gesellschaftskörpers. Eine sozialistische Gesellschaft, die die Kapitaldominanz über Wirtschaft und Gesellschaft überwunden hat, muss diese Vielfalt von Widersprüchen politisch austragen. So wie ihr Ziel doppelt ist, ausgedrückt in den zwei allgemeinen Formeln des Sozialismus, so wie ihre Eigentumsordnung sich um zwei Pole organisiert (die Individuen und die Gesamtgesellschaft), so muss auch ihre politische Ordnung zwei gegensätzliche Traditionen in sich aufnehmen – die der liberalen Demokratie mit dem Primat der Interessen der Einzelnen und die der Volksdemokratie. Das Schlagwort von der Demokratisierung der Demokratie verdeckt, dass es nicht einfach darum gehen kann, die Möglichkeiten auszubauen, die Interessen der Vielen freier auszutragen, sondern dass es vor dem Hintergrund lebensnotwendiger großer Transformationen gleichfalls notwendig ist, die Artikulation und Durchsetzungsfähigkeit von Gesamtinteressen zu stärken.

Es gibt viele andere Ansätze, die Widersprüche zwischen dem Willen der Vielen und dem Gemeinwillen politisch anders zu bearbeiten. Es gibt die Forderung nach Ausbau der direkten Demokratie genauso wie die nach einer gesonderten Kammer, die gewählt wird zu Vertretung besonderer langfristiger Interessen. Johannes Heinrichs hat ausgehend von verschiedenen Dimensionen des Sozialen das Zusammenwirken von vier Parlamenten konzipiert – für die Wirtschaft, die Politik, die Kultur und die Grundwerte (vgl. Heinrichs 2005). In der gleichen Zeit hat der Räteansatz neue Aufmerksamkeit gefunden: Es werden Transformations- und Klimaräte auf verschiedenen Ebenen und mit sektoraler Ausrichtung gefordert und wurden teilweise schon etabliert (siehe u.a. Krull 2022). Es gibt auch Überlegungen, natürliche Ressourcen als Gemeingüter und Abfälle (z.B. in Form klimaschädlicher Gase) als Gemeinübel durch bestimmte Fonds zu verwalten, die die Rechte darauf vergeben und die Einnahmen in den ökologischen Umbau investieren bzw. entsprechende Projekte fördern (vgl. Barnes 2008; Land 2018). Von besonderer Bedeutung sind Verfassungsprozesse, die nicht nur die Rechte der Einzelnen und der von ihnen gebildeten Gruppen, sondern auch die Gesamtinteressen systematisch einbeziehen. Die Liste ließe sich fortsetzen. In allen diesen und vielen weiteren Ansätzen geht es immer darum, die liberalen Engführungen zu überwinden, und dem Gemeinwillen, der angesichts der Probleme komplexer Gesellschaften selbst wieder in viele widersprüchliche Tendenzen zerfällt, in dieser oder jener Form Geltung zu verschaffen und zugleich liberale Freiheiten zu schützen.

Immanuel Kants Imperativ, dass Menschen »sich selbst und alle andere *niemals bloß als Mittel*, sondern jederzeit *zugleich als Zweck an sich selbst* behandeln solle« (Kant 1903: 433), hat zur Kehrseite, dass auch die Gemeinschaften, in denen die Menschen leben, einen »Zweck an sich selbst« darstellen und nicht nur Mittel sind. Sobald sie für ihre Mitglieder zum bloßen Mittel herabsinken, werden Menschen diese Gemeinschaften bei nächstbester Gelegenheit verlassen. Neben der Würde der Einzelnen, die nach Anerkennung verlangt, gibt es auch eine Würde von Gemeinschaften, die anerkennungswürdig ist. Es ist – im besten Fall – die Würde von Gemeinschaften der Solidarität, nach innen wie nach außen.

Wer von Menschenrechten spricht, muss deshalb ehrlicherweise auch von der Verantwortung des Staates und von Rechten von Gemeinschaften sprechen. Sonst wiederholt sich, was Hannah Arendt nach dem Zweiten Weltkrieg schrieb: »Das bloße Wort ›Menschenrechte‹ wurde überall und für jedermann, in totalitären und demokratischen Ländern, für Opfer, Verfolger und Betrachter gleichermaßen, zum Inbegriff eines heuchlerischen oder schwachsinnigen Idealismus.« (Arendt 1995: 426) Freiheit braucht Strukturen der Solidarität, die stabil und dauerhaft nur durch Gemeinschaften gesichert werden können. Demokratie als »Herrschaft des Volkes, für das Volk und durch das Volk« (Abraham Lincoln) impliziert insofern zugleich die Einzelnen als Staatsbürgerinnen und Staatsbürger wie auch das Volk als Ganzes.

Es wäre ein siebenter Punkt zu diskutieren: Das Widerspruchsverhältnis zwischen der lokalen und der globalen Ebene des Lebens, durch Regionen und Staaten sowie Staatenbündnisse vermittelt. Es muss zugleich lokal, national wie global gedacht und gehandelt werden. Die im vierten Teil kurz umrissenen Überlegungen von Karl Polanyi zu Deglobalisierung sind von ungeheurer Aktualität. Die Weltgesellschaft ist eine zutiefst ungleiche Gesellschaft, in der Alles mit Allem verbunden ist – der monströse Reichtum mit finsterster Armut, das klare Wasser aus den Wasserhähnen der einen mit der Ausbreitung von Wüsten, die gekühlten Räume in tropischen Enklaven mit den Hitzewellen in vielen Teilen der Welt. Das Konzept der imperialen Lebensweise (vgl. Brand/Wissen 2017) ist ein Versuch, darauf Antworten zu finden.

***

Im Gefolge von Karl Polanyi kann davon gesprochen werden, dass eine sozialistische Umwälzung nur durch eine Große Transformation möglich sein wird. Rolf Reißig, Dieter Klein und Erik O. Wright haben aktuelle Konzepte einer solchen neuen Großen Transformation vorgelegt (vgl. Reißig 2009; Klein 2013; Wright 2017). Hier soll abschließend auf einen einzigen Aspekt eingegangen werden. Das im Vorhergehenden entwickelte Konzept von Sozialismus basiert auf der Annahme, dass eine sozialistische Umgestaltung vor allem eine fundamentale zivilisatorische Transformation ist. Kapitalistische Gesellschaften sind dadurch geprägt, dass die Kapitalverwertung die Wirtschaft und eine solche Wirtschaft die gesellschaftliche Reproduktion und den Stoffwechsel mit der irdischen Natur dominiert. Dies erzeugt sachliche wie auch kulturelle, soziale, politische und durch direkte Gewalt hergestellte Abhängigkeitsverhältnisse. Man kann von konzentrischen Kreisen der Abhängigkeit sprechen: Die Gesellschaft ist eingezwängt in den Imperativ der Kapitalverwertung, wie er im Finanzmarkt-Kapitalismus institutionalisiert ist. Dieser wirkt auf eine weitgehend davon beherrschte Wirtschaft mit ungeheuren globalen Disparitäten. Eine solche Wirtschaft prägt ihrerseits die politischen Verhältnisse als oligarchische Herrschaft von imperialen Zentren und Peripherien. Innerhalb dieser Herrschaftsstrukturen bilden sich Gesellschaften des Erwerbs und Konsums, der Überlebenswirtschaft am Rande, von Ketten der Produktion, der Dienstleistungs- und Sorgearbeiten, des nackten Elends mit ihren rassifizierten und durch Geschlechterungleichheit geprägten Klassenverhältnissen. Und all dies zerstört in seiner Gesamtheit die irdischen natürlichen Bedingungen eines reichen und schönen Lebens der Menschen, der Tiere und Pflanzen auf diesem Planeten. Um diesem Kapitalismus zu entkommen, bedarf es buchstäblich einer Revolution, die die genannten Abhängigkeitsverhältnisse völlig umkehrt, ohne dabei unverzichtbare Errungenschaften preiszugeben und dadurch weltgeschichtlich einen völlig neuen Typ von Zivilisation hervorbringt (Abb. 9). Eine neue, eine sozialistische Zivilisation zeichnet sich dadurch aus, dass – eingebettet in eine reiche irdische Natur, deren Fülle und Lebensfreundlichkeit gesichert wird, – sich eine solidarische Lebensweise in ihrer Vielfalt entwickeln kann, gestaltet durch eine umfassende Demokratie, die den Rahmen einer solidarischen Wirtschaft im schon ausgeführten Sinne bildet, der ihrerseits ein Kreditsystem unter gesellschaftlicher Kontrolle dient.

Sozialismus neu entdecken, heißt, sich aktiv auf die Suche zu begeben, fragend voranzuschreiten, sich den Widersprüchen einer sozialistischen Bewegung emanzipatorisch und solidarisch zu stellen. Es ist Segeln gegen den Sturm kapitalistischer Herrschaft und Barbarei. Erfolgreich segeln aber können nur die, so die Grundannahme dieser Schrift, die die sehr gegensätzlichen liberalen, kommunistischen und romantischen Antworten auf das

Abb. 9: Die Große Transformation als Große Umkehr

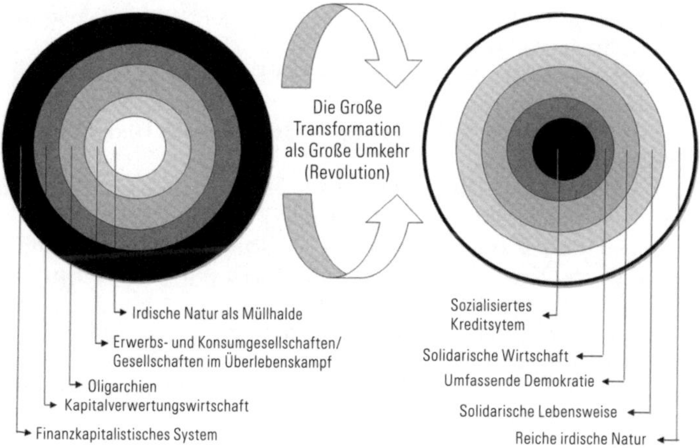

Entstehen der modernen kapitalistischen Gesellschaften und die damit verbundene große Transformation hin zu einer Weltgesellschaft verstehen. Nur wenn es gelingt, die Tendenzen komplexer Gesellschaften solidarisch zu vermitteln und auf ein reiches menschliches Leben und eine reiche natürliche, soziale und kulturelle Welt auszurichten, so die Hauptthese dieses Buches, dann entsteht ein lebensfähiger dynamischer Sozialismus des 21. Jahrhunderts. Es wäre ein Sozialismus, in dem viele, sehr verschiedene Sozialismen Platz haben. Gemeinsam können sie aus der westlichen Moderne hinausführen und eine neue Zivilisation begründen, von der wir heute erste Konturen erahnen. Mit der indischen Schriftstellerin und Aktivistin Arundhati Roy kann man sagen: »Eine andere Welt ist nicht nur möglich, sie ist schon im Entstehen. An einem ruhigen Tag kann ich sie atmen hören.« (Roy 2003)

Literatur

Adamczak, Bini (2017): Beziehungsweise Revolution: 1917, 1968 und Kommende. Berlin: Suhrkamp.

Altvater, Elmar/Sekler, Nicola (Hrsg.) (2006): Solidarische Ökonomie: Reader des Wissenschaftlichen Beirats von Attac. Hamburg: VSA.

Arendt, Hannah (1995): Elemente und Ursprünge totaler Herrschaft. München: Piper.

Asara, Viviana (2019): Die Grenzen der liberalen Demokratie: Aussichten auf eine Demokratisierung der Demokratie. In: Ketterer, Hanna/Becker, Karina (Hrsg.), Was stimmt nicht mit der Demokratie? Eine Debatte mit Klaus Dörre, Nancy Fraser, Stephan Lessenich und Hartmut Rosa. Berlin: Suhrkamp, 139–151.

Avritzer, Leonardo (2012): Neue Öffentlichkeit in Brasilien: Lokale Demokratie und deliberative Politik. In: Herzberg, Carsten/Sintomer, Yves/Kleger, Heinz/Kißler, Leo/Schiller, Theo/Westle, Bettina (Hrsg.), Hoffnung auf eine neue Demokratie. Bürgerhaushalte in Lateinamerika und Europa. Frankfurt a.M./New York: Campus, 177–201.

Ax, Christine/Hinterberger, Friedrich (2013): Wachstumswahn. Was uns in die Krise führt – und wie wir wieder herauskommen. München: Ludwig.

Barnes, Peter (2008): Kapitalismus 3.0. Ein Leitfaden zur Wiederaneignung der Gemeinschaftsgüter. Hamburg: VSA.

Bauer, Joachim (2008): Prinzip Menschlichkeit. Warum wir von Natur aus kooperieren. München: Heyne.

Bauman, Zygmunt (2000): Liquid Modernity. Cambridge/Malden: John Wiley & Sons.

Beckert, Jens (2009): The Great Transformation of Embeddedness: Karl Polanyi and the New Economic Sociology. In: Hann, C. M./Hart, Keith (Hrsg.), Market and society. The great transformation today. Cambridge, UK ; New York: Cambridge University Press, 38–55.

Bello, Walden (2005): De-Globalisierung. Widerstand gegen die neue Weltordnung. Hamburg: VSA.

Benjamin, Walter (1982): Erkenntnistheoretisches, Theorien des Fortschritts. In: Das Passagen-Werk. Frankfurt a.M.: Suhrkamp, 570–611.

Berth, Hendrik/Brähler, Elmar/Zenger, Markus/Stöbel-Richter, Yve (2012): Konstanz und Wandel – Politische Einstellungen 1987–2011. In: Berth, Hendrik/Brähler, Elmar/Zenger, Markus/Stöbel-Richter, Yve (Hrsg.), Innenansichten der Transformation. 25 Jahre Sächsische Längsschnittstudie. Gießen: Psychosozial-Verlag, 289–300.

Berth, Hendrik/Brähler, Elmar/Zenger, Markus/Stöbel-Richter, Yve (2015a): Zentrale Ergebnisse aus 28 Jahren Sächsische Längsschnittstudie. In: Berth, Hendrik/Brähler, Elmar/Zenger, Markus/Stöbel-Richter, Yve (Hrsg.), Ge-

sichter der ostdeutschen Transformation. Die Teilnehmerinnen und Teilnehmer der Sächsischen Längsschnittstudie im Porträt. Gießen: Psychosozial-Verlag, 9–15.
Berth, Hendrik/Brähler, Elmar/Zenger, Markus/Stöbel-Richter, Yve (Hrsg.), (2015b): Berichte der StudienteilnehmerInnen. In: Gesichter der ostdeutschen Transformation. Die Teilnehmerinnen und Teilnehmer der Sächsischen Längsschnittstudie im Porträt. Gießen: Psychosozial-Verlag, 65–142.
Berth, Hendrik/Förster, Peter/Brähler, Elmar/Zenger, Markus/Stöbel-Richter, Yve (2010): »Wir Thälmannpioniere lieben unser sozialistisches Vaterland, die Deutsche Demokratische Republik«. – Was bleibt davon nach 20 Jahren? In: Brähler, Elmar/Mohr, Irina (Hrsg.), 20 Jahre deutsche Einheit – Facetten einer geteilten Wirklichkeit. Gießen: Psychosozial-Verlag, 155–171.
Blanc, Louis (1850): L'organisation du travail. 9. Aufl. Paris: Bureau du nouveau monde.
Bloch, Ernst (1975): Experimentum Mundi. Frage, Kategorien des Herausbringens, Praxis. Frankfurt a.M.: Suhrkamp.
Bloch, Ernst (2007): Naturrecht und menschliche Würde. Frankfurt a.M.: Suhrkamp.
Bockman, Johanna (2013): Markets in the Name of Socialism. The Left-Wing Origins of Neoliberalism. Stanford: Stanford University Press.
Bockman, Johanna/Fischer, Ariane/Woodruff, David (2016): Preface »Socialism and the embedded economy« to »Socialist Accounting« by Karl Polanyi. In: *Theory and Society*, 45 (5), 485–397.
Boer, Roland/Ping Van (2021): »Not Some Other-ism«. On Some Western Marxist Misrepresentations of Chinese Socialism. In: *International Critical Thought*, 11 (2), 171–189.
Boltanski, Luc/Chiapello, Ève (2003): Der neue Geist des Kapitalismus. Konstanz: UVK.
Brand, Ulrich (2020): Post-Wachstum und Gegen-Hegemonie. Klimastreiks und Alternativen zur imperialen Lebensweise. Mit einem Beitrag zur Corona-Krise. Hamburg: VSA.
Brand, Ulrich/Wissen, Markus (2017): Imperiale Lebensweise. Zur Ausbeutung von Mensch und Natur in Zeiten des globalen Kapitalismus. München: oekom verlag.
Brangsch, Lutz (2009): »Der Unterschied liegt nicht im Was, wohl aber im Wie«. Einstiegsprojekte als Problem von Zielen und Mitteln linker Bewegungen. In: Brie, Michael (Hrsg.), Radikale Realpolitik. Plädoyer für eine andere Politik. Berlin: Karl Dietz, 39–51.
Braudel, Fernand (1983): Civilization and Capitalism, 15th-18th Century: The Wheels of Commerce. London: Book Club Associates.

Braudel, Fernand (1990): Sozialgeschichte des 15.–18. Jahrhunderts, Band 3: Aufbruch zur Weltwirtschaft. Kindler.
Braudel, Fernand (1991): Modell Italien 1450-1650. Stuttgart: Klett-Cotta.
Brecht, Bertolt (1969): Der Kommunismus ist das Mittlere. In: Gedichte. Band VIII: Nachträge zu den Gedichten 1913-1947. Berlin und Weimar: Aufbau, 103.
Brecht, Bertolt (1973): Flüchtlingsgespräche. In: Prosa. Berlin und Weimar: Aufbau, 197–326.
Brecht, Bertolt (1978): Lob des Zweifels. In: Gedichte. Bd. V. Berlin und Weimar: Aufbau, 123–126.
Bregman, Rutger (2019): Utopien für Realisten: Die Zeit ist reif für die 15-Stunden-Woche, offene Grenzen und das bedingungslose Grundeinkommen. 18. Aufl. Reinbeck bei Hamburg: Rowohlt Taschenbuch.
Breithaupt, Fritz (2009): Kulturen der Empathie. Frankfurt a.M.: Suhrkamp.
Brie, André/Brie, Michael/Dellheim, Judith/Falkner, Thomas/Klein, Dieter/Schumann, Michael/Wittich, Dietmar (1997): Zur Programmatik der Partei des Demokratischen Sozialismus. Ein Kommentar. Berlin: Karl Dietz.
Brie, Michael (1985): Entwicklungsstufen des sozialistischen Eigentums. Dissertation B. Berlin: Humboldt-Universität zu Berlin.
Brie, Michael (1991): Ist eine sozialistisch orientierte Wissenschaft überhaupt möglich? In: Brie, Michael/Klein, Dieter (Hrsg.), Umbruch zur Moderne. Hamburg: VSA, 144–173.
Brie, Michael (1996): Transformationsgesellschaften zwischen Institutionenbildung und Wandel des Informellen. Arbeitspapiere AG TRAP, Heft 8. Berlin: Arbeitsgruppe der Max-Planck-Gesellschaft.
Brie, Michael (Hrsg.) (2009a): Radikale Realpolitik Plädoyer für eine andere Politik. Berlin: Dietz.
Brie, Michael (2009b): Die Bildungselemente einer neuen Gesellschaft in Marx' »Kapital«. Blendungseffekte im Verhältnis von Kapitalismusanalyse und kommunistischer Prognose. In: Helle Panke e.V. (Hrsg.), Marx' Kritik der politischen Ökonomie und die Linke heute. Beiträge eines internationalen Workshops. Pankower Vorträge, Heft 135. Berlin: Helle Panke, 43–51.
Brie, Michael (2014): Transformationen des Reichtums – Reichtum der Transformationen. Eine Vier-in-Einem-Perspektive. In: Brie, Michael (Hrsg.), Futuring. Transformation im Kapitalismus über ihn hinaus. Münster: Westfälisches Dampfboot, 194–241.
Brie, Michael (2016a): Die dritte Welle des Sozialismus. Eine Skizze. In: *Sozialismus*, (12), 56–61.
Brie, Michael (2016b): A Critical Reception of Accumulation of Capital. In: Dellheim, Judith/Wolf, Frieder Otto (Hrsg.), Rosa Luxemburg: A Permanent Challenge for Political Economy. On the History and the Pre-

sent of Luxemburg's »Accumulation of Capital«. London: Palgrave Macmillan, 261–303.
Brie, Michael (2018a): Karl Polanyi and the Discussions on a Renewed Socialism. In: Brie, Michael/Thomasberger, Claus (Hrsg.), Karl Polanyi's Vision of a Socialist Transformation. Montreal: Black Rose Books, 241–262.
Brie, Michael (2018b): Rosa Luxemburg neu entdecken. Ein hellblaues Bändchen zu »Freiheit für den Feind! Demokratie und Sozialismus«. Hamburg: VSA.
Brie, Michael (2019): Diese Freiheit tötet. Karl Polanyis Forschungsfrage. In: Rahlwes, Michael/Rudnick, Till/Papadakis, Nicos Tzanakis (Hrsg.), Radikale Philosophie und Kritik der Politik: Festschrift für F.O. Wolf zum 75. Geburtstag. Münster: Westfälisches Dampfboot, 94–110.
Brie, Michael/Dellheim, Judith (Hrsg.) (2020): Nulltarif. Luxus des Öffentlichen im Verkehr: Widersprüchlicher Fortschritt einer Idee im ÖPNV. Hamburg: VSA.
Bucharin, Nikolaj I. (1989): Ėkonomika perechodnogo perioda (russ.). In: Problemy teorii i praktiki socializma. Moskva: Izdatel'stvo političeskoj literatury, 94–176.
Cangiani, Michele/Thomasberger, Claus (2002): Marktgesellschaft und Demokratie. Die Perspektive der menschlichen Freiheit. Karl Polanyis Arbeiten von 1920 bis 1945. In: Cangiani, Michele/Thomasberger, Claus/Levitt, Kari (Hrsg.), Chronik der großen Transformation: Artikel und Aufsätze (1920-1945). Bd. 1: Wirtschaftliche Transformation, Gegenbewegungen und der Kampf um die Demokratie. Marburg: Metropolis, 11–44.
Cesarano, Filippo (2006): Monetary Theory and Bretton Woods: The Construction of an International Monetary Order. Cambridge: Cambridge University Press.
Chomsky, Noam (2008): Noam Chomsky on being censored, CHRC censorship, Ayn Rand, Robert Nozick and libertarianism. The Shotgun Blog. Text abrufbar unter: https://westernstandard.blogs.com/shotgun/2008/12/question-period.html (Zugriff am 6.9.2022).
Chorus, Silke (2013): Care-Ökonomie im Postfordismus – Perspektiven einer integralen Ökonomietheorie. Münster: Westfälisches Dampfboot.
Dahn, Daniela (2021): Die DDR – Eine Utopie, an die sich anknüpfen lässt?
Dahrendorf, Ralf (1990): The Strange Death of Socialism. In: *An Irish Quarterly Review*, 79 (313 [Spring]), 7–17.
Dale, Gareth (2010): Social Democracy, Embeddedness and Decommodification. On the Conceptual Innovations and Intellectual Affiliations of Karl Polanyi. In: *New Political Economy*, 15 (3), 369–393.
Dellheim, Judith (2014): Kapitaloligarchien und Transformation. Zur Entwicklung der Europäischen Union. In: Brie, Michael (Hrsg.), Futuring. Transformation im Kapitalismus über ihn hinaus. Münster: Westfälisches

Dampfboot, 332–367.
Dellheim, Judith/Brangsch, Lutz/Wolf, Frieder-Otto/Spangenberg, Joachim (2012): Den Krisen entkommen. Sozialökologische Transformation. Berlin: Karl Dietz.
Deppe, Frank (2021): Sozialismus. Geburt und Aufschwung – Widersprüche und Niedergang – Perspektiven. Hamburg: VSA.
Dörre, Klaus (2021): Die Utopie des Sozialismus. Kompass für eine Nachhaltigkeitsrevolution. Berlin: Matthes & Seitz Berlin.
Dörre, Klaus/Schickert, Christiane (Hrsg.) (2019): Neosozialismus: Solidarität, Demokratie und Ökologie vs. Kapitalismus. München: oekom verlag.
Duchrow, Ulrich/Bianchi, Reinhold/Krüger, René/Petracca, Vincenzo (2006): Solidarisch Mensch werden. Psychische und soziale Destruktion im Neoliberalismus – Wege der Überwindung. Hamburg: VSA.
Dullien, Sebastian/Herr, Hansjörg/Kellermann, Christian (2009): Der gute Kapitalismus : ... und was sich dafür nach der Krise ändern müsste. Bielefeld: transcript.
Dunn, John (2020): The Principal Vulnerabilities of Western Liberalism. In: Chu, Yun-Han/Zheng, Yongnian (Hrsg.), The Decline of the Western-Centric World and the Emerging New Global Order. Contending Views. London/New York: Routledge, 17–36.
Einstein, Albert (1986): Warum Sozialismus? In: Volk und Welt (Hrsg.), Ad libitum Sammlung Zerstreuung Volk und Welt. Nr 4. Berlin: Volk und Welt, 167–175.
Einstein, Albert (2005): Warum Sozialismus? Linksnet. Text abrufbar unter: www.linksnet.de/artikel/19102 (Zugriff am 06.09.2022).
Eisler, Hanns (1975): Gespräche mit Hans Bunge. Fragen Sie mehr über Brecht. Übertragen und erläutert von Hans Bunge. Leipzig: Deutscher Verlag für Musik.
Ekardt, Felix/Heß, Franziska/Wulff, Justus (2021): BVerfG-Klima-Beschluss: Folgen für Bund, EU, Länder und Kommunen. Untersuchung im Auftrag des Solarenergie-Förderverein Deutschland e.V. (SFV).
Elder-Vass, Dave (2018): Profit und Gabe in der digitalen Ökonomie. Hamburg: Hamburger Edition.
Elsen, Susanne (Hrsg.) (2011): Solidarische Ökonomie und die Gestaltung des Gemeinwesens. Perspektiven und Ansätze der ökosozialen Transformation von unten. Neu-Ulm: AG-SPAK-Bücher.
Elson, Diane (1988): Market Socialism or Socialization of the Market? In: *New Left Review*, 172 , 3–44.
Engels, Friedrich (1845): Die Lage der arbeitenden Klasse in England. Nach eigner Anschauung und authentischen Quellen. In: MEW, Bd. 2. Berlin [DDR]: Dietz, 225–506.
Engels, Friedrich (1880): Die Entwicklung des Sozialismus von der Uto-

pie zur Wissenschaft. In: MEW, Bd. 19. Berlin [DDR]: Dietz, 177–228.
Flassbeck, Heiner/Davidson, Paul/Galbraith, James K./Koo, Richard/Ghosh, Jayati (2013): Handelt Jetzt! Das globale Manifest zur Rettung der Wirtschaft. Frankfurt a.M.: Westend.
Fopp, David (2021): Gemeinsam für die Zukunft. Fridays For Future und Scientists For Future. Vom Stockholmer Schulstreik zur weltweiten Klimabewegung. Bielefeld: transcript.
Förster, Peter (1999): Die Entwicklung des politischen Bewusstseins der DDR-Jugend zwischen 1966 und 1989. In: Friedrich, Walter/Förster, Peter/Starke, Kurt (Hrsg.), Das Zentralinstitut für Jugendforschung Leipzig 1966-1990. Berlin: Das Neue Berlin, 70–165.
Förster, Peter (2002): Junge Ostdeutsche auf der Suche nach der Freiheit. Opladen: Leske + Budrich.
Förster, Peter (2006): Warum viele junge Ostdeutsche den Kapitalismus wieder loswerden wollen. Beispiel: Die 32-Jährigen. Sächsische Längsschnittstudie 1987–2005. Rosa-Luxemburg-Stiftung.
Förster, Peter (2007): Von der Enttäuschung vom Sozialismus der DDR zur Zukunftsangst in Ostdeutschland. In: Einheitslust und Einheitsfrust. Junge Ostdeutsche auf dem Weg vom DDR- zum Bundesbürger. Eine sozialwissenschaftliche Langzeitstudie von 1987–2006. Gießen: Psychosozial-Verlag, 25–106.
Förster, Peter (2009): »Unrechtsstaat! Diktatur!! lebenslanger Knast!!!«. Standpunkte 14. Berlin: Rosa Luxemburg Stiftung.
Förster, Peter/Roski, Günter (1990): DDR zwischen Wende und Wahl. Meinungsforscher analysieren den Umbruch. Berlin: Christoph Links.
Foucault, Michel (1981): Archäologie des Wissens. Frankfurt a.M.: Suhrkamp.
Fraser, Nancy (2013): Fortunes of Feminism. From State-Managed Capitalism to Neoliberal Crisis. Brooklyn, NY: Verso Books.
Fraser, Nancy (2019): Die Krise der Demokratie: Über politische Widersprüche des Finanzmarktkapitalismus jenseits des Politizismus. In: Ketterer, Hanna/Becker, Karina (Hrsg.), Was stimmt nicht mit der Demokratie? Eine Debatte mit Klaus Dörre, Nancy Fraser, Stephan Lessenich und Hartmut Rosa. Berlin: Suhrkamp, 77–99.
Fraser, Nancy (2021): Climates of Capital. In: *New Left Review*, 127 (January/February), 74–127.
Fraser, Nancy (2022): Cannibal Capitalism. How Our System Is Devouring Democracy, Care, and the Planet and What We Can Do About It. New York: Verso.
Friedrich, Walter/Förster, Peter (1996): Jugend im Osten. Politische Mentalität im Wandel. Leipzig: Rosa-Luxemburg-Stiftung Sachsen.
Fuchs, Christian/Unterberger, Klaus (Hrsg.) (2021): The Public Service Me-

dia and Public Service Internet Manifesto. London: University of Westminster Press.
Fulcher, James (2007): Kapitalismus. Stuttgart: Reclam jun.
Göpel, Maja (2020): Unsere Welt neu denken. Eine Einladung. Berlin: Ullstein Hardcover.
Graf, Jakob (2021): Der Verfassungsprozess in Chile. *Zeitschrift LuXemburg. Gesellschaftsanalyse und linke Praxis.*
Grams, Florian (2014): Die Pariser Kommune. Köln: PapyRossa.
Grünberg, Carl (1912): Der Ursprung der Worte »Sozialismus« und »Sozialist«. In: Archiv für die Geschichte des Sozialismus und der Arbeiterbewegung, Bd. 2. Leipzig: Verlag von C. L. Hirschfeld, 372–379.
Harvey, David (2009): Was tun? Und wer zum Teufel tut es? In: *LuXemburg. Gesellschaftsanalyse und linke Praxis*, (1), 100–109.
Harvey, David (2010): Den antikapitalistischen Übergang organisieren. Hamburg: VSA.
Haug, Wolfgang Fritz (1974): Vorlesungen zur Einführung ins »Kapital«. Köln: Pahl-Rugenstein.
Haug, Wolfgang Fritz (2007): Zur Dialektik des Antikapitalismus. In: *Argument*, 269 , 11–34.
Hegel, Georg Wilhelm Friedrich (1981): Grundlinien der Philosophie des Rechts oder Naturrecht und Staatswissenschaft im Grundrisse. Nach der Ausgabe von Eduard Gans. Herausgegeben und mit einem Anhang versehen von Hermann Klenner. Berlin: Akademie.
Hegel, Georg Wilhelm Friedrich (1986): Phänomenologie des Geistes. Werke, Bd. 3. Frankfurt a. M.: Suhrkamp.
Hegselmann, Rainer (1979): Otto Neurath-Empiristischer Aufklärer und Sozialreformer. In: Otto Neurath: Wissenschaftliche Weltauffassung, Sozialismus und Logischer Empirismus. Frankfurt a.M.: Suhrkamp, 7–78.
Heinrichs, Johannes (2005): Demokratiemanifest für die schweigende Mehrheit: Die »Revolution der Demokratie« in Kürze. München: Steno.
Hermlin, Stephan (1979): Abendlicht. Leipzig: Philipp Reclam jun.
Heuer, Uwe J. (2004): Marxismus und Politik. Hamburg: VSA.
Hilger, Marie-Elisabeth (1982): Kapital, Kapitalist, Kapitalismus. In: Brunner, Otto/Conze, Werner/Koselleck, Reinhart (Hrsg.), Geschichtliche Grundbegriffe. Historisches Lexikon zur politisch-sozialen Sprache in Deutschland, Bd. 5. Stuttgart: Klett-Cotta, 399–454.
Hirsch, Joachim (1995): Der nationale Wettbewerbsstaat. Staat, Demokratie und Politik im globalen Kapitalismus. Berlin: Ed. ID-Archiv.
Honecker, Erich (1987): Tischrede.
Honneth, Axel (2015): Die Idee des Sozialismus. Versuch einer Aktualisierung. Berlin: Suhrkamp.
Huber, Berthold (Hrsg.) (2013): Kurswechsel für ein gutes Leben. Wege zu

einer solidarischen Gesellschaft. Frankfurt a.M.: Campus.
Hudis, Peter (2021): The Alternative to Capitalism in Marx's Critique of the Gotha Program. Ms.
Huffschmid, Jörg (1999): Politische Ökonomie der Finanzmärkte. Hamburg: VSA.
Huke, Nikolai (2021): Ohnmacht in der Demokratie: Das gebrochene Versprechen politischer Teilhabe. Bielefeld: transcript.
Ibarra, Hernán (2010): Den Staat neu gründen. Verfassungsprozesse in Lateinamerika. Rosa Luxemburg Stiftung.
Institut für Gesellschaftsanalyse (2011): Eine offene historische Situation. Konfliktlinien – Szenarien – Eingriffsmöglichkeiten. In: Standpunkte 38/2011.
Institut für Gesellschaftsanalyse & Friends (2020): Ein Gelegenheitsfenster für linke Politik? Wie weiter in und nach der Corona-Krise. *LuXemburg*.
Institut Solidarische Moderne (2011): Umrisse eines sozialökologischen Gesellschaftsumbaus auf dem Weg in eine solidarische Moderne. Der Erinnerung Hermann Scheers gewidmet.
Jahn, Harald A. (2015): Das Wunder des Roten Wien. Bd. 1 und 2. Wien: Phoibos.
Jefferson, Thomas (1999): Letter to Isaac McPherson, Monticello, August 13, 1813. In: The Writings of Thomas Jefferson. Cambridge: Cambridge University Press, 575–582.
Jessop, Bob (2008): Zur Relevanz von Luhmanns Systemtheorie und von Laclau und Mouffes Diskursanalyse für die Weiterentwicklung der marxistischen Staatstheorie. In: Hirsch, Joachim/Kannankulam, John/Wissel, Jens (Hrsg.), Der Staat der Bürgerlichen Gesellschaft. Zum Staatsverständnis von Karl Marx. Baden-Baden: Nomos, 157–179.
Jessop, Bob (2013): State Power. Cambridge: Polity.
Jugendrat der Generationenstiftung (2019): Ihr habt keinen Plan, darum machen wir einen! 10 Bedingungen für die Rettung unserer Zukunft – Mit einem Vorwort von Harald Lesch. München: Karl Blessing.
Kant, Immanuel (1903): Prolegomena zu einer jeden künftigen Metaphysik, die als Wissenschaft wird auftreten können. In: Gesammelte Schriften, Bd. IV. Berlin: Königlich Preußische Akademie der Wissenschaften, 253–384.
Kant, Immanuel (1968): Kritik der reinen Vernunft. 2. Auflage 1787. Akademie-Textausgabe. Berlin: Walter de Gruyter.
Klein, Dieter (Hrsg.) (2003): Leben statt gelebt zu werden. Selbstbestimmung und soziale Sicherheit. Zukunftsbericht der Rosa-Luxemburg-Stiftung. Berlin: Dietz.
Klein, Dieter (2013): Das Morgen tanzt im Heute. Transformation im Kapitalismus und über ihn hinaus. Hamburg: VSA.
Klein, Dieter (2014): Doppelte Transformation. In: Brie, Michael (Hrsg.), Fu-

turing. Transformation im Kapitalismus über ihn hinaus. Münster: Westfälisches Dampfboot, 101–125.
Klein, Dieter (2018): Doppelte Transformation. Eine Konsultation Ernst Blochs. Berlin: Rosa Luxemburg Stiftung.
Klein, Dieter (2022): Regulation in einer solidarischen Gesellschaft. Wie eine sozial-ökologische Transformation funktionieren könnte. Hamburg: VSA.
Klein, Naomi (2009): Die Schock-Strategie. Der Aufstieg des Katastrophen-Kapitalismus. Frankfurt a.M.: S. Fischer.
Klingholz, Reiner (2014): Sklaven des Wachstums – die Geschichte einer Befreiung. Frankfurt a.M.: Campus.
Krätke, Michael R. (2020): Capitalism. In: Musto, Marcello (Hrsg.), The Marx Revival. Key Concepts and New Interpretations. Cambridge: Cambridge University Press, 1–23.
Krugman, Paul R. (2008): Nach Bush. Das Ende der Neokonservativen und die Stunde der Demokraten. Frankfurt a.M.: Campus.
Krull, Stephan (2022): Produktion des Gemeinsamen. Vom Gesprächskreis »Zukunft Auto.Umwelt.Mobilität« zu Transformationsräten. In: Candeias, Mario/Krull, Stephan (Hrsg.), Spurwechsel. Studien zu Mobilitätsindustrien, Beschäftigungspotenzialen und alternativer Produktion. Hamburg: VSA, 61–80.
Kues, Nikolaus von (2002): Die belehrte Unwissenheit. In: Philosophisch-theologische Werke, Bd. 1. Hamburg: Felix Meiner.
Lacher, Hannes (2019): Karl Polanyi, »the always-embedded market economy«, and the Re-Writing of The Great Transformation. In: *Theory and Society*, 48 , 671–707.
Land, Rainer (2018): Ökokapital. Bedingungen der Möglichkeit eines neuen Regimes wirtschaftlicher Entwicklung. Ein systemtheoretischer Bauplan. Düsseldorf: Forschungsinstitut für gesellschaftliche Weiterentwicklung.
Land, Rainer (2021): Moderner Sozialismus – Wirtschaftssystem. Ms.
Lander, Edgardo (2007): Das Referendum zur Verfassungsreform. Der politische Prozess in Venezuela ist an einem kritischen Scheideweg angelangt.
Lang, Miriam (Hrsg.) (2012): Demokratie, Partizipation, Sozialismus. Lateinamerikanische Wege der Transformation. Berlin: Karl Dietz.
Lassalle, Ferdinand (1967): Arbeiterprogramm (1863). In: Eine Auswahl für unsere Zeit. Herausgegeben und eingeleitet von Helmut Hirsch. Bremen: Schünemann, 194–239.
Lehndorff, Steffen (2020): New Deal heißt Mut zum Konflikt. Was wir von Roosevelts Reformpolitik der 1930er Jahre heute lernen können. Hamburg: VSA.
Leibiger, Jürgen (2011): Zukunft Eigentum. Wem gehört die Republik? Berlin: Karl Dietz.
Leibiger, Jürgen (2022): Eigentum im 21. Jahrhundert. Metamorphosen,

Transformationen, Revolutionen. Münster: Westfälisches Dampfboot.
Lenin, Wladimir I. (1960a): Referat über die Revision des Parteiprogramms und die Änderung des Namens der Partei. 8. März 1918. In: Werke, Bd. 27. Berlin: Dietz Berlin, 113–126.
Lenin, Wladimir I. (1960b): Referat über die nächsten Aufgaben der Sowjetmacht auf der Tagung des Gesamtrussischen Zentralexekutivkomitees, 29. April 1918. In: Werke, Bd. 27. Berlin: Dietz Berlin, 269–305.
Lenin, Wladimir I. (1970): Die große Initiative (1919). In: Werke. Bd. 29. Berlin: Dietz, 397–424.
Lenin, Wladimir I. (1974): Die drohende Katastrophe und wie man sie bekämpfen soll (1917). In: Werke. Bd. 25. Berlin: Dietz, 327–377.
Lessenich, Stephan (2019): Die Dialektik der Demokratie. Grenzziehungen und Grenzüberschreitungen im Wohlfahrtskapitalismus. In: Ketterer, Hanna/Becker, Karina (Hrsg.), Was stimmt nicht mit der Demokratie? Eine Debatte mit Klaus Dörre, Nancy Fraser, Stephan Lessenich und Hartmut Rosa. Berlin: Suhrkamp, 121–138.
Levi, Paul (1969): Vorwort und Einleitung zu Rosa Luxemburg »Die russische Revolution«. In: Zwischen Spartakus und Sozialdemokratie. Schriften, Aufsätze, Reden und Briefe. Frankfurt a.M./Wien: Europäische Verlagsanstalt/Europa, 96–135.
Lévinas, Emmanuel (1983): Die Spur des Anderen. Untersuchungen zur Phänomenologie und Sozialphilosophie. Freiburg und München: Karl Alber.
Liebknecht, Wilhelm (1904): Wissen ist Macht – Macht ist Wissen. Festrede gehalten zum Stiftungsfest des Dresdner Bildungs-Vereins am 5. Februar 1872. Berlin [DDR]: Vorwärts.
Locke, John (1980): Bürgerliche Gesellschaft und Staatsgewalt. Leipzig: Philipp Reclam jun.
Losurdo, Domenico (2010): Freiheit als Privileg. Eine Gegengeschichte des Liberalismus. Köln: PapyRossa.
Löwy, Michael (1989): Der Urkommunismus in den ökonomischen Schriften von Rosa Luxemburg. Für eine romantisch-revolutionäre Geschichtsauffassung. In: *Die Linie Luxemburg – Gramsci. Zur Aktualität und Historizität marxistischen Denkens. Argument Sonderband AS 159*, 140–146.
Löwy, Michael/Sayre, Robert (2001): Romanticism Against the Tide of Modernity. Durham/London: Duke University Press.
Luxemburg, Rosa (1975): Die Akkumulation des Kapitals. Ein Beitrag zur ökonomischen Erklärung des Imperialismus. In: Rosa Luxemburg, Gesammelte Werke Band 5, Ökonomische Schriften. Berlin [DDR]: Dietz.
Luxemburg, Rosa (1979): Karl Marx (1903). In: Gesammelte Werke, Bd. 1.2. Berlin [DDR]: Dietz, 369–377.
Madörin, Mascha (2006): Plädoyer für eine eigenständige Theorie der Care-Ökonomie. In: Niechoj, Torsten/Tullney, Marco (Hrsg.), Geschlechter-

verhältnisse in der Ökonomie. Marburg: Metropolis, 277–297.
Magri, Lucio (2015): Der Schneider von Ulm. Hamburg: Argument.
Mahnkopf, Birgit (2013): Peak Everything – Peak Capitalism? Folgen der sozial-ökologischen Krise für die Dynamik des historischen Kapitalismus. In: *Working Paper der DFG-KollegforscherInnengruppe Postwachstumsgesellschaften*, (02/2013).
Mann, Thomas (1977): [An David McCoy, 1945]. In: Essays. Bd. 2: Politische Reden und Schriften. Ausgewählt, eingeleitet und erläutert von Hermann Kurzke. Frankfurt a.M.: S. Fischer, 309–315.
Mann, Thomas (1986): Schicksal und Aufgabe. In: An die gesittete Welt. Politische Schriften und Reden im Exil. Frankfurt a.M.: S. Fischer, 643–667.
Marshall, Thomas H. (1992): Bürgerrechte und soziale Klassen. Zur Soziologie des Wohlfahrtsstaates. Frankfurt a.M.: Campus.
Marx, Karl (1843): Zur Judenfrage. In: MEW, Bd. 1. Berlin [DDR]: Dietz, 347–377.
Marx, Karl (1844): Zur Kritik der Hegelschen Rechtsphilosophie. Einleitung. In: MEW, Bd. 1. Berlin [DDR]: Dietz, 378–391.
Marx, Karl (1850): Die Klassenkämpfe in Frankreich 1848 bis 1850. In: MEW, Bd. 7. Berlin [DDR]: Dietz, 9–107.
Marx, Karl (1871): Der Bürgerkrieg in Frankreich. Adresse des Generalrats der Internationalen Arbeiterassoziation. In: MEW, Bd. 17. Berlin [DDR]: Dietz, 313–365.
Marx, Karl (1880): [Einleitung zum Programm der französischen Arbeiterpartei]. In: MEW, Bd. 19. Berlin [DDR]: Dietz, 238.
Marx, Karl (1881): Brief an Ferdinand Domela Nieuwenhuis vom 22. Februar 1881. In: MEW, Bd. 35. Berlin [DDR]: Dietz, 159–161.
Marx, Karl (1890): Das Kapital. Kritik der politischen Ökonomie. Erster Band. In: MEW, Bd. 23. Berlin [DDR]: Dietz.
Marx, Karl (1894): Das Kapital. Kritik der politischen Ökonomie. Dritter Band. In: MEW, Bd. 25. Berlin [DDR]: Dietz.
Marx, Karl (1983): Grundrisse der Kritik der politischen Ökonomie [1857-1859]. In: MEW, Bd. 42. Berlin [DDR]: Dietz.
Marx, Karl (1987): Kritik des Gothaer Programms [1875]. In: MEW, Bd. 19. Berlin [DDR]: Dietz, 13–32.
Marx, Karl/Engels, Friedrich (1848): Manifest der Kommunistischen Partei. In: MEW, Bd. 4. Berlin [DDR]: Dietz, 459–493.
Marx, Karl/Engels, Friedrich (1974): Die deutsche Ideologie [1845/46]. In: MEW, Bd. 3. Berlin: Dietz [DDR], 9–530.
McFarland, Rob/Spitaler, Georg/Zechner, Ingo (2020): Einleitung. In: McFarland, Rob/Spitaler, Georg/Zechner, Ingo (Hrsg.), Das Rote Wien. Schlüsseltexte der Zweiten Wiener Moderne 1919–1934. Berlin/Boston: De Gruyter Oldenbourg, 3–16.

Merton, Robert K. (2002): Soziologische Theorie und soziale Struktur. Berlin/New York: De Gruyter.
Mill, John Stuart (1974): Über die Freiheit. Stuttgart: Philipp Reclam jun.
Mises, Ludwig von (1920a): Die Wirtschaftsrechnung im sozialistischen Gemeinwesen. In: *Archiv für Sozialwissenschaft und Sozialpolitik*, 47, 86–121.
Mises, Ludwig von (1920b): Die Abschaffung des Geldes in Russland. In: *Neue Freie Presse*, Wien, 17. November 1920. Text abrufbar unter: www.mises.de/public_home/article/97/9 (Zugriff am 08.09.2022).
Mises, Ludwig von (1932): Gemeinwirtschaft. Untersuchungen über den Sozialismus. 2. Auflage. Jena: Gustav Fischer.
Müller, Hans (1967): Ursprung und Geschichte des Wortes Sozialismus und seiner Verwandten. Hannover: J. H. W. Dietz Nachf.
Müller, Horst (2015): Das Konzept PRAXIS im 21. Jahrhundert: Karl Marx und die Praxisdenker, das Praxiskonzept in der Übergangsperiode und die latente Systemalternative. Norderstedt: Books on Demand.
Müller-Jung, Joachim (2021): Im Namen der Freiheit. In: *Frankfurter Allgemeine Zeitung*, 5. Mai 2021, N1.
Münkler, Herfried (1995): Max Weber und der Sozialismus. In: Max Weber: Der Sozialismus. Herausgegeben und mit einer Einführung versehen von Herfried Münkler. Weinheim: Beltz Athenäum, 7–67.
Necker, Jacques (1775): Sur la Législation et le Commerce des Grains. Paris: Chez Pissot.
Neef, Helmut (1983): Vier Tage rote Fahnen in den Straßen von Paris. Berlin [DDR]: Dietz.
Neubauer, Luisa/Repenning, Alexander (2019): Vom Ende der Klimakrise: Eine Geschichte unserer Zukunft. Stuttgart: Tropen.
Neupert-Doppler, Alexander (2019): Die Gelegenheit ergreifen. Eine politische Philosophie des Kairós. Wien: Mandelbaum.
Neurath, Otto (1919a): Die Kriegswirtschaft (1910). In: Durch die Kriegswirtschaft zur Naturalwirtschaft. München: Georg D. W. Callway, 6–41.
Neurath, Otto (1919b): Geleitwort. In: Durch die Kriegswirtschaft zur Naturalwirtschaft. München: Georg D. W. Callway, VII.
Neurath, Otto (1919c): Kriegswirtschaft, Verwaltungswirtschaft, Naturalwirtschaft (1917). In: Durch die Kriegswirtschaft zur Naturalwirtschaft. München: Georg D. W. Callway, 147–151.
Neurath, Otto (1919d): Staatskartell und Staatstrust als Organisationsformen der Zukunft (1910). In: Durch die Kriegswirtschaft zur Naturalwirtschaft. München: Georg D. W. Callway, 152–155.
Neurath, Otto (1919e): Die Wirtschaftsordnung der Zukunft und die Wirtschaftswissenschaften (1917). In: Durch die Kriegswirtschaft zur Naturalwirtschaft. München: Georg D. W. Callway, 159–173.
Neurath, Otto (1919f): Die Kriegswirtschaftsrechnungsrechnung und ihre

Grenzen (1916). In: Durch die Kriegswirtschaft zur Naturalwirtschaft. München: Georg D. W. Callway, 137–146.
Neurath, Otto (1979a): Die Utopie als gesellschaftstechnische Konstruktion (1919). In: Wissenschaftliche Weltauffassung, Sozialismus und Logischer Empirismus. Frankfurt a.M.: Suhrkamp, 235–241.
Neurath, Otto (1979b): Wesen und Weg der Sozialisierung. Gesellschaftstechnisches Gutachten, vorgetragen in der 8. Vollsitzung des Münchener Arbeiterrates am 25. Januar 1919. In: Wissenschaftliche Weltauffassung, Sozialismus und Logischer Empirismus. Frankfurt a.M.: Suhrkamp, 242–261.
Neurath, Otto (1979c): Wissenschaftliche Weltauffassung, Sozialismus und Logischer Empirismus. Frankfurt a.M.: Suhrkamp.
Neusüß, Christel (1985): Die Kopfgeburten der Arbeiterbewegung oder die Genossin Luxemburg bringt alles durcheinander. Hamburg: Rasch und Röhring.
North, Douglass C./Wallis, John Joseph/Weingast, Barry R. (2009): Violence and Social Orders. A Conceptual Framework for Interpreting Recorded Human History. Cambridge/New York: Cambridge University Press.
Novy, Andreas (2017): Emancipatory economic deglobalisation: a Polanyian perspective. In: *Revista Brasileira de Estudos Urbanos e Regionais*, 19 (3), 554–575.
Ostrom, Elinor (2000): Private and Common Property Rights. *Encyclopedia of Law and Economics*, Cheltenham, England: Edward Elgar.
Owen, Robert (1989): Bericht an die Grafschaft Lanark. In: Eine neue Auffassung von der Gesellschaft. Ausgewählte Texte. Herausgegeben und eingeleitet von Lola Zahn. Berlin: Akademie, 195–264.
Paech, Niko (2011): Vom grünen Wachstumsmythos zur Postwachstumsökonomie. In: Welzer, Harald/Wiegandt, Klaus (Hrsg.), Perspektiven einer nachhaltigen Entwicklung. Wie sieht die Welt im Jahr 2050 aus? Frankfurt a.M.: S. Fischer, 131–151.
Paech, Niko (2012): Befreiung vom Überfluss. Auf dem Weg in die Postwachstumsökonomie. München: Oekom.
Pettifor, Ann (2020): Green New Deal. Warum wir können, was wir tun müssen. Hamburg: Hamburger Edition HIS.
Pfriem, Reinhard (2021): Die Neuerfindung des Unternehmertums. Solidarische Ökonomie, radikale Demokratie und kulturelle Evolution. Marburg: Metropolis.
Plessner, Helmuth (2003a): Grenzen der Gemeinschaft. Eine Kritik des sozialen Radikalismus (1924). In: Gesammelte Schriften in zehn Bänden. Bd. V: Macht und menschliche Natur. Frankfurt a.M.: Suhrkamp, 7–133.
Plessner, Helmuth (2003b): Die Frage nach der Conditio humana (1961). In: Gesammelte Schriften in zehn Bänden. VIII: Conditio humana. Frankfurt

a.M.: Suhrkamp, 136–217.
Polanyi, Karl (1978): The Great Transformation. Politische und ökonomische Ursprünge von Gesellschaften und Wirtschaftssystemen [1944]. Frankfurt a.M.: Suhrkamp.
Polanyi, Karl (1979): Das Wesen des Faschismus. In: Ökonomie und Gesellschaft. Frankfurt a.M.: Suhrkamp, 91–126.
Polanyi, Karl (2002a): Wirtschaft und Demokratie [1932]. In: Cangiani, Michele/Thomasberger, Claus (Hrsg.), Chronik der großen Transformation: Artikel und Aufsätze (1920-1945). Bd. 1: Wirtschaftliche Transformation, Gegenbewegungen und der Kampf um die Demokratie. Marburg: Metropolis, 149–154.
Polanyi, Karl (2002b): Gegenrevolution [1933]. In: Cangiani, Michele/Thomasberger, Claus (Hrsg.), Chronik der großen Transformation: Artikel und Aufsätze (1920-1945). Bd. 1: Wirtschaftliche Transformation, Gegenbewegungen und der Kampf um die Demokratie. Marburg: Metropolis, 186–192.
Polanyi, Karl (2002c): Zur wirtschaftlichen Neuordnung Europas [1930]. In: Cangiani, Michele/Thomasberger, Claus/Levitt, Kari (Hrsg.), Chronik der großen Transformation: Artikel und Aufsätze (1920-1945). Bd. 1: Wirtschaftliche Transformation, Gegenbewegungen und der Kampf um die Demokratie. Marburg: Metropolis, 110–119.
Polanyi, Karl (2003): Universaler Kapitalismus oder regionale Planung? (1945). In: Cangiani, Michele/Thomasberger, Claus (Hrsg.), Chronik der großen Transformation: Artikel und Aufsätze (1920-1945). Bd.2: Die internationale Politik zwischen den beiden Weltkriegen. Marburg: Metropolis, 338–350.
Polanyi, Karl (2005a): Über die Freiheit (1927). In: Cangiani, Michele/Polanyi-Levitt, Kari/Thomasberger, Claus (Hrsg.), Chronik der großen Transformation: Artikel und Aufsätze (1920-1945). Bd. 3: Menschliche Freiheit, politische Demokratie und die Auseinandersetzung zwischen Sozialismus und Faschismus. Marburg: Metropolis, 137–170.
Polanyi, Karl (2005b): Das faschistische Virus [1941]. In: Cangiani, Michele/Polanyi-Levitt, Kari/Thomasberger, Claus (Hrsg.), Chronik der großen Transformation: Artikel und Aufsätze (1920-1945). Bd. 3: Menschliche Freiheit, politische Demokratie und die Auseinandersetzung zwischen Sozialismus und Faschismus. Marburg: Metropolis, 278–295.
Polanyi, Karl (2005c): Faschismus und Marxistische Terminologie [1934]. In: Cangiani, Michele/Polanyi-Levitt, Kari/Thomasberger, Claus (Hrsg.), Chronik der großen Transformation: Artikel und Aufsätze (1920-1945). Bd. 3: Menschliche Freiheit, politische Demokratie und die Auseinandersetzung zwischen Sozialismus und Faschismus. Marburg, 233–244.
Polanyi, Karl (2005d): Die geistigen Voraussetzungen des Faschismus [1933].

In: Cangiani, Michele/Polanyi-Levitt, Kari/Thomasberger, Claus (Hrsg.), Chronik der großen Transformation: Artikel und Aufsätze (1920-1945). Bd. 3: Menschliche Freiheit, politische Demokratie und die Auseinandersetzung zwischen Sozialismus und Faschismus. Marburg, 216–221.

Polanyi, Karl (2005e): Spanns faschistische Utopie [1934]. In: Cangiani, Michele/Polanyi-Levitt, Kari/Thomasberger, Claus (Hrsg.), Chronik der großen Transformation: Artikel und Aufsätze (1920-1945). Bd. 3: Menschliche Freiheit, politische Demokratie und die Auseinandersetzung zwischen Sozialismus und Faschismus. Marburg: Metropolis, 227–232.

Polanyi, Karl (2005f): Zur Sozialisierungsfrage. In: Cangiani, Michele/Polanyi-Levitt, Kari/Thomasberger, Claus (Hrsg.), Chronik der großen Transformation: Artikel und Aufsätze (1920-1945). Vol. 3: Menschliche Freiheit, politische Demokratie und die Auseinandersetzung zwischen Sozialismus und Faschismus. Marburg: Metropolis, 126–136.

Polanyi, Karl (2005g): Der faschistische Virus [1941]. In: Chronik der großen Transformation. Marburg.

Polanyi, Karl (2015): Der Masterplan der einfachen Bürger [1943]. In: Brie, Michael (Hrsg.), Polanyi neu entdecken. Sozialismus oder Barbarei. Nancy Fraser & Karl Polanyi – ein möglicher Dialog. Hamburg: VSA, 116–135.

Poulantzas, Nikos (1978): Staatstheorie. Politischer Überbau, Ideologie, sozialistische Demokratie. Hamburg: VSA.

Rapport, Mike (2009): 1848: Year of Revolution. New York: Basic Books.

Redaktion der Beijing Cultural Review (2021): Sozialismus 3.0: Die Realität und die Zukunft des chinesischen Sozialismus. In: Yang Ping/Turowski, Jan (Hrsg.), Sozialismusdebatte chinesischer Prägung. Hamburg: VSA, 37–62.

Reißig, Rolf (2009): Gesellschafts-Transformation im 21. Jahrhundert. Ein neues Konzept sozialen Wandels. Wiesbaden: Springer VS.

Roosevelt, Franklin D. (1944): 1944 State of the Union Address. FDR's Second Bill of Rights or Economic Bill of Rights Speech.

Rosa, Hartmut (2019): Demokratie und Gemeinwohl: Versuch einer resonanztheoretischen Neubestimmung. In: Ketterer, Hanna/Becker, Karina (Hrsg.), Was stimmt nicht mit der Demokratie? Eine Debatte mit Klaus Dörre, Nancy Fraser, Stephan Lessenich und Hartmut Rosa. Berlin: Suhrkamp, 160–188.

Rousseau, Jean-Jacques (1989a): Abhandlung über die Politische Ökonomie. In: Kulturkritische und politische Schriften in zwei Bänden. Bd. 1. Berlin: Rütten & Loening Berlin, 333–377.

Rousseau, Jean-Jacques (1989b): Vom Gesellschaftsvertrag oder Prinzipien des Staatsrechts. In: Kulturkritische und politische Schriften in zwei Bänden. Bd. 1. Berlin: Rütten & Loening Berlin, 379–505, 635–648.

Roy, Arundhati (2003): Rede auf der Schlußkonferenz »Kampf dem Em-

pire« im Gigantinho beim Weltsozialforum 2003. Text abrufbar unter: www.weltsozialforum.org/2003/2003.wsf.1/2003.wsf.meldungen/news.2003.63/ (Zugriff am 13.09.2022).
Salomon, David (2012): Demokratie. Köln: PapyRossa.
Sayer, Andrew (2004): Moral Economy and Political Economy. Department of Sociology, Lancaster University.
Schieder, Wolfgang (2004): Sozialismus. In: Brunner, Otto/Conze, Werner/Koselleck, Reinhart (Hrsg.), Geschichtliche Grundbegriffe. Historisches Lexikon zur politisch-sozialen Sprache in Deutschland, Bd. 5. Stuttgart: Klett-Cotta, 923–996.
Schöler, Uli (1999): Ein Gespenst verschwand in Europa. Über Marx und die sozialistische Idee nach dem Scheitern des sowjetischen Staatssozialismus. Bonn: J. H. W. Dietz Nachf.
Schumpeter, Joseph (2006): Theorie der wirtschaftlichen Entwicklung. Nachdruck der ersten Auflage von 1912. Herausgegeben und ergänzt um eine Einführung von Jochen Röpke und Olaf Stiller. Berlin: Duncker & Humblot.
Schumpeter, Joseph A. (2008): Konjunkturzyklen. Eine Theoretische, Historische Und Statistische Analyse Des Kapitalistischen Prozesses. Göttingen: Vandenhoeck & Ruprecht.
Smith, Adam (1976): Eine Untersuchung über das Wesen und die Ursachen des Reichtums der Nationen. Erster Band. Berlin: Akademie.
Statistisches Bundesamt (2003): Wo bleibt die Zeit? Die Zeitverwendung der Bevölkerung in Deutschland 2001/02. 2003. Wiesbaden: Statistisches Bundesamt.
Sunkara, Bhaskar (2019): The Socialist Manifesto. The Case for Radical Politics in an Era of Extreme Inequality. London/New York: Verso Books.
Sunstein, Cass (2004): The Second Bill of Rights. FDR's Unfinished Revolution – And Why We Need It More Than Ever. New York: Basic Books.
Tomasello, Michael (2010): Warum wir kooperieren. Berlin: Suhrkamp.
Troost, Axel (2010): Die Vergesellschaftung der Banken konkret denken. In: *Neues Deutschland*, 27. September 2010, 10.
Weber, Max (1995): Der Sozialismus. Herausgegeben und mit einer Einführung versehen von Herfried Münkler. Weinheim: Beltz Athenäum.
Wieser, Wolfgang (1998): Die Erfindung der Individualität: oder Die zwei Gesichter der Evolution. Heidelberg: Spektrum.
Wikipedia (2021): Otto Neurath. *Wikipedia*,. Page Version ID: 207318210.
Williams, Chris (2010): Ecology and Socialism. Solutions to Capitalist Ecological Crisis. Chicago: Haymarket Books.
Winker, Gabriele (2012): Care Revolution. In: ABC der Alternativen 2.0. Von Alltagskultur bis Zivilgesellschaft. Hamburg: VSA, 48–49.
Winker, Gabriele (2015): Care Revolution. Schritte in eine solidarische Ge-

sellschaft. Bielefeld: transcript.
Winker, Gabriele (2021): Solidarische Care-Ökonomie. Revolutionäre Realpolitik für Care und Klima. Bielefeld: transcript.
Wood, Ellen Meiksins (1999): The Origin of Capitalism. A Longer View. New York: Monthly Review Press.
Wright, Erik Olin (2017): Reale Utopien. Wege aus dem Kapitalismus. Berlin: Suhrkamp.
Wygodski, W. S. (1978): Das Werden der ökonomischen Theorie von Marx und der wissenschaftliche Kommunismus. Berlin [DDR]: Dietz.
Zelik, Raul (2020): Wir Untoten des Kapitals. Über politische Monster und einen grünen Sozialismus. Berlin: Suhrkamp.
Zelik, Raul/Tauss, Aaron (Hrsg.) (2013): Andere mögliche Welten? Krise, Linksregierungen, populare Bewegungen. Eine lateinamerikanisch-europäische Debatte. Hamburg: VSA.
Zeller, Christian (2020): Revolution für das Klima: Warum wir eine ökosozialistische Alternative brauchen. München: oekom.
Zenger, Markus/Berth, Hendrik/Brähler, Elmar/Stöbel-Richter, Yve (2012): Arbeitslosigkeitserfahrungen in der Sächsischen Längsschnittstudie. In: Berth, Hendrik/Brähler, Elmar/Zenger, Markus/Stöbel-Richter, Yve (Hrsg.), Innenansichten der Transformation. 25 Jahre Sächsische Längsschnittstudie. Gießen: Psychosozial-Verlag, 301–320.
Žižek, Slavoj (2021): Ein Linker wagt sich aus der Deckung. Für einen neuen Kommunismus. Berlin: Ullstein.
Zwerenz, Ingrid (2006): Blochs letzte Vorlesung in Leipzig. Leipzig-Lese. Text abrufbar unter: www.leipzig-lese.de/index.php?article_id=458 (Zugriff am 13.9.2022).